Que veut dire mon chat?

Que veut dire mon chat ?

GWEN BAILEY

traduit de l'anglais par

BRUNO PORLIER

GRÜND

Texte original de Gwen Bailey
Adaptation française et PAO : Bruno Porlier
Secrétariat d'édition : Jérémie Salinger

Édition française : 2002 par Éditions Gründ

ISBN : 2-7000-5735-X
Dépôt légal : août 2002
www.grund.fr

Édition originale : 2002 par Hamlyn,
département d'Octopus Publishing Group Ltd.
sous le titre *What is my cat thinking ?*

Imprimé en Chine

Éditions Gründ – 60, rue Mazarine – 75006 Paris

Sommaire

Introduction

Les chats sont connus et appréciés pour leur esprit libre et leur indépendance. Lorsqu'ils acceptent le contact avec l'homme, nous le ressentons souvent comme un privilège et tentons d'établir avec eux la meilleure relation. Nous aimerions tous pouvoir parler avec eux dans un langage commun, afin de leur demander comment ils vont, ou pourquoi ils agissent de telle façon. Cela nous est malheureusement impossible, et le restera, à moins d'une découverte scientifique majeure ou de la révélation d'une aptitude humaine à la télépathie.

Comment, dans ces conditions, percer le secret de leurs pensées ? Nous ne disposons pas d'études scientifiques très nombreuses sur ce sujet. Cela viendra peut-être un jour mais, pour l'heure, nous ne pouvons nous appuyer, pour tirer des conclusions, que sur nos observations et nos expériences.

Toutefois, en étudiant attentivement nos chats domestiques, il est possible d'établir une représentation détaillée de leurs actes et de leur langage corporel permettant de décrypter leur état d'esprit. À travers mes travaux de comportementaliste et pour avoir vécu avec des chats à différentes époques de ma vie, j'ai eu la chance de pouvoir en observer beaucoup dans des situations variées, et d'étudier des photos et des films présentant ces animaux dans des comportements extrêmes. J'ai constaté combien ils semblent avoir des émotions et des réactions similaires aux nôtres.

En tenant compte des différences propres à nos deux espèces, l'étude comportementale permet de deviner facilement quel peut être leur état d'esprit à un moment donné.

Mais acquérir tout ce savoir demande du temps et c'est pour vous aider à mieux saisir ce qu'expriment les chats que j'ai rédigé cet ouvrage.

J'ai essayé autant que possible d'éviter le piège de l'anthropomorphisme, c'est-à-dire de ne pas baser mes commentaires sur la façon dont un homme réagirait dans des conditions similaires ; avec, toutefois, les limites d'une telle démarche : le fait même que je sois un humain ne peut qu'influencer ma façon d'appréhender les êtres vivants d'une espèce différente. De même, je me suis autorisée à écrire uniquement ce que je pensais réellement que les chats ressentaient et ce qu'ils nous diraient s'ils pouvaient parler.

J'espère que ce livre vous aidera à mieux comprendre votre compagnon et la gent féline en général. Vous serez ainsi en mesure de lui offrir une vie meilleure. J'ai si souvent constaté les résultats de l'incompréhension entre le chat et l'homme : chats contraints de vivre en compagnie de congénères avec lesquels ils n'ont aucun lien de parenté, parce que leur maître aime les félins et veut en avoir plusieurs sur un petit territoire ; d'autres auxquels on refuse l'accès vers un extérieur jugé trop dangereux et mourant d'ennui et de frustration ; chats punis pour des comportements naturels qui ne cadrent pas avec l'idée que se fait leur maître de ce que doit être le comportement félin… En tant qu'êtres doués d'intelligence, il est de notre devoir de chercher à comprendre nos animaux de compagnie. Puisse ce livre être pour vous le début d'un nouveau regard sur votre compagnon.

Des animaux sociaux

Contrairement aux chiens, les chats ne vivent pas en meute et il est remarquable qu'ils se soient si bien adaptés à la vie auprès des hommes. Dans les colonies sauvages, groupes de chats vivant à l'état naturel, sans maîtres, autour d'une source de nourriture, on observe peu d'interactions entre les individus sans lien de parenté. Ils ne font que vivre les uns à côté des autres. N'est-il pas surprenant qu'ils tolèrent si bien les humains, et même recherchent notre affection ? Nous les en récompensons par de l'attention, de la douceur et des aliments, ce qui les conforte dans cette attitude.

La recherche du confort

Même âgés, les chats restent très mobiles et recherchent les endroits qui leur procurent le meilleur confort. Ce vénérable matou dormira encore la plupart des jours qui lui restent à vivre ailleurs que dans son foyer, mais il n'en apprécie pas moins ce lieu où il sait qu'il est en sécurité et peut se détendre pour plonger dans un profond sommeil. En outre, sur les genoux de sa maîtresse, il est au chaud et reçoit d'affectueuses caresses.

LE SAVIEZ-VOUS ?

- *Les gènes qu'un chaton hérite de son père détermineront son degré de sociabilité. Ceux de la mère y prendront également une part, mais leur effet sera toutefois moins prononcé.*
- *Les mères sociables sont plus susceptibles de produire des chatons sociables car, de par leur comportement, elles montrent à leur progéniture, qu'il n'y a pas de raison d'avoir peur de la compagnie des humains.*

J'aime les hommes

Ce chat a été bien traité depuis sa naissance. Il est confiant et apprécie la compagnie humaine, même celle d'un étranger. Bien qu'il ne soit pas sur son territoire, il est à l'aise et semble apprécier pleinement la présence des gens autour de lui. Il frotte sa tête sur le bras de la personne pour y déposer son odeur. C'est le point de départ du processus de mélange des odeurs, si important pour les chats vivant en groupe, dans le but de produire une odeur communautaire.

Super, la cuisine !

La cuisine est bonne dans cet hôtel, ce qui signifie que le chat s'y établira volontiers. Les chats sont, en effet, des opportunistes qui vont là où ils sont le mieux nourris. Contrairement aux chiens, ils n'ont pas de véritable loyauté envers leurs maîtres ; ils restent chez eux parce qu'ils se lient à la maison et au territoire où ils vivent. Si toutefois la nourriture y est insuffisante, ils n'auront aucun scrupule à aller voir chez les voisins si, par hasard, les assiettes n'y seraient pas mieux garnies.

L'odeur de la communauté

Des glandes situées sur le côté de la bouche, autour de la face, sur la tête et à la base de la queue des chats produisent un mélange de composés odorants spécifiques à chaque individu et qui constituent leur signature olfactive. Ces animaux passent beaucoup de temps à se frotter à nous pour mêler leur odeur aux nôtres. C'est une fonction vitale associée aux interactions sociales. Ils la pratiquent avec tous les humains amicaux et qui leur sont familiers, ainsi qu'avec les autres animaux de la maison. L'odeur communautaire qui en résulte est rassurante ; c'est celle du foyer et elle représente la sécurité.

Un animal caressant

Ce chat est en train de frotter les glandes cutanées situées sur sa tête contre la main qui le caresse. C'est très agréable pour celui qui caresse, car l'animal retourne le geste amical. C'est également très satisfaisant pour ce dernier qui peut ainsi déposer son odeur sur la personne. De sorte que chacun y trouve son compte. Les chats procèdent ainsi également contre des branches basses et tout autre objet sous lequel ils passent. Parfois, un petit bond sera nécessaire pour atteindre le point visé.

Au gré du hasard

Ce chat a commencé par frotter sa bouche le long de la main tendue et termine avec les autres glandes odorantes situées sur sa face. On ignore si ces différentes glandes véhiculent ou non des messages différents. Quoi qu'il en soit, les chats semblent ne montrer aucune préférence et frotter simplement la partie du corps qui est la plus proche de l'objet sur lequel ils veulent déposer leur odeur.

Instant de bien-être

Le nez de cette personne est au même niveau que la tête du chat et celui-ci en profite pour y déposer sa marque en frottant les glandes situées sur sa tête. Ce faisant, il ferme un œil pour ne pas risquer de se blesser ; la personne en fait autant pour la même raison. L'animal semble apprécier le geste, de même que la personne qui en sourit de plaisir.

Une caresse appuyée

Tandis qu'on lui caresse le dos, le chat relève sa croupe afin d'appuyer les glandes de sa queue contre la main humaine. La queue est courbée mais rigide, comme c'est souvent le cas lorsque les chats mêlent leurs odeurs aux humains et aux autres animaux du foyer.

Le saviez-vous ?

❑ *Un chat de retour du vétérinaire est imprégné d'odeurs inhabituelles et risque d'être traité comme un étranger par les autres chats qui vivaient jusque-là en harmonie avec lui. Les séparer et leur faire échanger leurs odeurs par l'intermédiaire d'un torchon peut contribuer à résoudre le problème.*

Que c'est bon !

Le chat exerce une pression au moment où la main passe sur sa face et il semble apprécier d'être caressé le long de la joue, derrière l'œil et au sommet de la tête.

Le bonjour du chat

Ceux qui ont un chat savent quel accueil queue dressée l'animal réserve à ceux qu'il connaît. Souvent accompagné d'un petit cri roulé, il l'adresse aussi aux autres félins. Si ce signal lui est retourné par le congénère, il est fréquemment suivi par une séance d'échange d'odeurs, les deux animaux se frottant tête contre tête, puis flanc contre flanc. Les chats n'étant pas des animaux très grands, leur accueil vis-à-vis de l'homme se prolonge plutôt par un mouvement circulaire autour des jambes, ne pouvant atteindre d'autres régions de notre corps.

Bienvenue à la maison

Ces deux chats accueillent leur maîtresse à son retour à la maison. Ils tiennent leur queue verticale, dans la position classique du salut félin. C'est la base de la queue qui est maintenue rigide tandis que la pointe est souvent recourbée. La personne leur retourne la politesse à la mode humaine, en souriant, en se penchant vers eux et en tendant la main pour les toucher. Les chats s'habituent bien à cette façon de faire, mais comprendraient d'autant mieux si elle avait le même mode d'accueil qu'eux.

Salut, étrangère !

Certains chats sont si amicaux qu'ils s'approchent de personnes totalement étrangères dans l'espoir d'un contact social. Ce chat, qui a perdu une patte, s'approche d'une jeune fille la queue dressée en signe de bienvenue, avec toutefois un peu d'appréhension quant à sa réaction.

LE SAVIEZ-VOUS ?

❑ *La quantité et la qualité des rencontres d'un chaton avec l'homme, entre sa deuxième et sa septième semaine de vie, détermineront la sociabilité dont il fera preuve au cours de sa vie adulte. Les expériences positives de la prime jeunesse engendrent des chats ouverts et amicaux.*

Ravi de te connaître

Ayant constaté que l'étrangère est amicale, le chat a maintenu sa queue dressée et s'est approché pour frotter sa tête contre la main tendue. Les chats qui ont connu des expériences traumatisantes, tel qu'un accident dû à un choc avec une automobile par exemple, passent par une nouvelle phase de socialisation, alors qu'ils sont encore à la clinique vétérinaire. Ce qui fait qu'ils peuvent devenir beaucoup plus sociables qu'ils ne l'étaient précédemment avec l'homme. Malheureusement, chez certains, c'est le phénomène inverse qui se produit.

Le chat et la caresse

Les chats montrent des réactions très proches de celles des chatons lorsqu'ils recherchent les caresses. Ils commencent à ronronner et vous montent dessus avec des mouvements de pétrissage de leurs pattes antérieures. Ces gestes trouvent leur origine dans leur prime jeunesse, lorsque, chatons, ils pétrissaient ainsi les mamelles de leur mère pour stimuler l'écoulement du lait, et ronronnaient de plaisir une fois en train de téter. Avec l'homme, ils sont susceptibles de montrer ces mêmes comportements de satisfaction. Nos caresses sont similaires aux gestes d'une mère chatte lorsqu'elle lèche ses petits, et provoquent chez eux une régression momentanée vers les comportements de leur prime jeunesse.

Douce tendresse

Traité ainsi depuis sa jeunesse, ce chat est habitué à être choyé. Il connaît sa maîtresse et lui voue une totale confiance, de sorte qu'il accepte sans aucune crainte d'être saisi de la sorte. D'autres chats trouveront cette situation un peu trop étouffante et tenteront de se dégager, allant même jusqu'à paniquer et parfois à réagir de façon agressive. Quant à celui-ci, il ferme les yeux pour savourer son bien-être, sachant que tant qu'il est auprès de sa maîtresse, elle veillera sur lui comme une chatte sur ses chatons et qu'il est en totale sécurité.

Détente et volupté

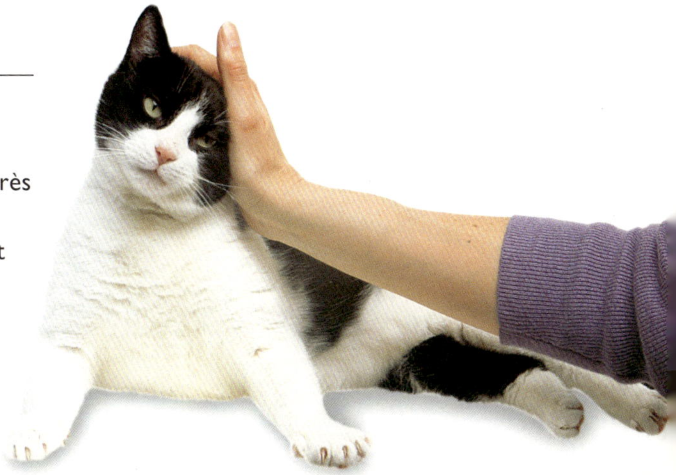

Les chats détendus s'étirent avec contentement et celui-ci apprécie l'attention qu'on lui prodigue. Il est très sociable avec l'homme, dont il aime la compagnie. Sous la caresse, il émet un ronronnement sonore et se livre aux mouvements de pétrissage de ses pattes antérieures. On voit bien ici que sa patte de gauche, les griffes sorties, pousse sur le sol.

Ça, j'aime moins

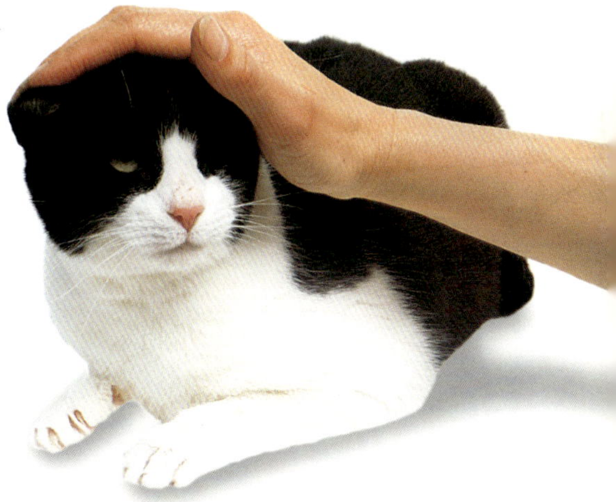

Maintenant, c'est la patte de droite dont les griffes sont sorties, tandis qu'à gauche, elles sont rentrées. Si le chat était assis sur les genoux de quelqu'un, ses griffes pénétreraient sûrement un peu dans la peau sous la pression des pattes. La main qui le caresse recouvre maintenant ses oreilles et le sommet de sa tête, ce que l'animal semble apprécier un peu moins.

Le saviez-vous ?

- *Sous la caresse, tous les chats enfoncent plus ou moins leurs griffes dans le support sous leurs pattes. C'est un comportement naturel qu'il est impossible d'inhiber, même par le dressage.*
- *Les chats ne comprendraient pas si vous les punissiez parce qu'ils ont enfoncé leurs griffes dans votre peau. La meilleure façon de vous éviter ce désagrément est de placer une épaisse couverture ou un torchon entre vous et l'animal lorsqu'il vient sur vos genoux. Cela empêchera, en outre, que des poils se déposent sur vos vêtements.*

Les besoins sociaux du chat

Tous les chats n'ont pas le même besoin de contact social ; certains sont plus indépendants et distants qu'on ne le souhaiterait. Ceux qui recherchent peu le contact peuvent être des compagnons décevants qui, bien que capables de tolérer les attentions de leurs maîtres, ne sembleront jamais pour autant les apprécier. D'autres chats recherchent activement la compagnie humaine et montrent des signes de détresse s'ils en sont privés. Des races comme le siamois et le burmese sont très populaires car l'élevage sélectif en a fait des animaux ayant un grand besoin de contact avec leur maître.

Laissez-moi dormir

Souvent, les chats tolèrent nos effusions vis-à-vis d'eux, mais ne les apprécient pas toujours. Celui que l'on voit ci-dessus est bien socialisé et très confiant envers les humains, mais préférerait probablement qu'on le laisse dormir tranquille. Il relève légèrement la tête, tandis que la main de sa maîtresse le caresse, faisant un effort pour y frotter ses glandes odorantes, mais il abandonne vite et la laisse retomber pour plonger dans le sommeil

Le saviez-vous ?

- *Les chats commencent à ronronner à l'âge d'une semaine.*
- *Ils peuvent ronronner sans interruption tout en inspirant et en expirant.*
- *Le ronronnement est généralement un signe de contentement, mais peut aussi intervenir sous l'effet de la douleur.*

Êtes-vous amicaux ?

Certains chats adorent la compagnie humaine et celui-ci en fait partie. Mais il attend dans un centre d'adoption de trouver un nouveau foyer et n'est pas très sûr des intentions de ses visiteurs. Il les jauge, dressant à demi sa queue en signe d'accueil. Il lève aussi une patte, prêt à s'approcher s'il constate qu'il peut le faire sans risque. Une fois au contact des hommes, il se frottera contre eux et enroulera son corps autour de leurs jambes pour tenter de lier rapidement amitié.

Je me passe de toi

Certains chats font preuve d'amitié durant de courts instants, mais passent le plus clair de leur temps à mener leur vie sans s'occuper de l'homme. Les maîtres qui éprouvent le besoin du contact social avec leur chat peuvent vite se lasser de tels animaux, à moins qu'ils ne réalisent qu'il s'agit là de caractères héréditaires, contre lesquels on ne peut rien, et fassent un effort pour reconsidérer leurs attentes. D'autres chats se tiennent à distance des humains à cause d'un manque de confiance dû à une mauvaise socialisation durant leur jeunesse. Ceux-là sont en fait timides et peuvent être encouragés patiemment à plus d'amitié par un comportement doux et gentil.

Le chat et les autres animaux

Descendants d'animaux au mode de vie solitaire, les chats ont peu d'aptitudes comportementales pour gérer les contacts avec d'autres chats inconnus ou des animaux d'espèces différentes. Leur sociabilité envers les étrangers et les nouveaux venus à la maison dépend beaucoup de la qualité de leur socialisation, c'est-à-dire du nombre de rencontres positives qu'ils auront eues durant leur jeunesse avec les représentants de diverses espèces. Elle dépend également du caractère progressif de la mise en contact avec le nouvel arrivant et de la possibilité de se mettre à l'abri en cas de besoin.

Je t'aurai

Ces deux chats ont grandi ensemble et aiment jouer tous les deux. Leurs jeux sociaux sont des imitations de combats, mais chacun sait bien qu'il n'y a là-dedans rien de sérieux. Les griffes ne sont pas sorties et ils retiennent leurs morsures. Mais leurs postures et leurs gestes sont les mêmes que lors d'une vraie bagarre. Ils se sautent parfois dessus, roulant de l'arrière train et grattant des pattes postérieures pour faire reculer l'adversaire. Ces jeux de lutte contribuent à entretenir leur relation et permettent à chacun de connaître la force et les capacités de l'autre.

Va-t-en d'ici !

Ici, le chat tabby blanc ne joue pas. Il tente de chasser le chat beige et semble y parvenir assez bien. Son action est rapide et suffisamment menaçante pour contraindre l'autre à un geste d'évitement. Ces deux chats font toutefois partie du même foyer et se connaissent bien, de sorte qu'une véritable agression ne sera pas nécessaire : le chat tabby blanc n'a pas sorti les griffes.

Bien au chaud

Ayant grandi en compagnie de ce gentil chien et appris qu'il pouvait avoir confiance en lui, ce chat est assez à l'aise pour venir dormir dans sa couche. D'ailleurs, le canidé est heureux de la partager avec son compagnon et n'oppose aucune résistance au félin. Ce dernier sait qu'en se blottissant contre le chien, il en tirera un supplément de chaleur qui sera bienvenu par les nuits froides. Une telle confiance serait difficile à obtenir avec un chien nouveau venu avec lequel le chat n'aurait pas grandi, mais elle pourrait venir avec le temps si le chien se montrait suffisamment doux et tolérant.

Est-ce que je te connais ?

Les saluts nez à nez comme celui-ci sont rares car ils mettent les deux félins en position de vulnérabilité. Mais il s'agit là d'une mère et de sa fille et, bien qu'elles ne se soient pas vues depuis un certain temps, elles se connaissent bien et savent qu'elles n'ont rien à craindre l'une de l'autre. Se humer mutuellement de la sorte est une façon de confirmer la reconnaissance visuelle et d'obtenir des informations complémentaires sur l'état de santé de l'autre, où il a été et ce qu'il a fait.

LE SAVIEZ-VOUS ?

- *Les chats adultes sont plus susceptibles de s'habituer à un nouveau chaton qu'à un nouveau chat adulte introduit dans la maison.*
- *De nouveaux venus à la maison, comme d'autres animaux, voire un bébé ou de nouvelles personnes, peuvent procurer au chat du foyer un sentiment d'insécurité.*
- *Un chat qui a l'impression d'être soudain moins en sécurité à la maison aura tendance à déposer des jets d'urine en divers points stratégiques pour se rassurer.*

Langage corporel et signaux visuels

Mis à part l'accueil queue dressée et les signaux utilisés lors de la défense ou de l'agression, les autres codes sociaux visuels sont assez subtils chez le chat et difficiles à déceler. C'est l'héritage de leurs ancêtres solitaires, qui avaient peu de besoins en matière de communication, sauf lors des combats et des accouplements. Les chats réagissent néanmoins à certaines situations par différentes postures, et l'observation attentive de ce langage corporel nous renseigne sur leur état d'esprit, de tension ou de relâchement.

Sortez-moi de là

Ce chat est inquiet. Sa queue est repliée sous le corps pour la protéger au cas ou il serait attaqué et il reporte son poids sur son arrière-train afin d'être prêt à fuir ou à frapper de ses pattes antérieures en cas de nécessité. Il a tourné ses oreilles et aplati ses vibrisses (moustaches) pour les protéger également en cas de combat, et ses yeux sont tournés vers le haut pour y chercher un endroit plus sûr qu'il pourrait atteindre. Il miaule bruyamment, dans l'espoir que son maître l'entende et vienne à son secours.

Tout va bien

Contrairement au chat noir de la page ci-contre, celui-ci est totalement détendu. Il est allongé, les pattes postérieures étendues et vulnérables. Ses pattes antérieures sont ramenées dans une position confortable, griffes rentrées, ce qui prouve, dans la mesure où ce sont ces dernières qui servent en cas de défense, qu'il n'est animé d'aucune crainte. Son expression est détendue mais quelque chose a attiré son attention parce que son regard et ses oreilles sont pointés dans cette direction.

Je veux des caresses

Ce chat est parfaitement détendu et se sent suffisamment en sécurité pour s'étirer dans une posture de grande vulnérabilité en dépit du chien qui passe à côté. Cette position sur le dos, accompagnée d'un mouvement des pattes antérieures, est généralement irrésistible pour les maîtres qui ne peuvent s'empêcher de venir caresser et choyer l'animal. Ce chat vit en compagnie de beaucoup de ses semblables et, bien que leurs maîtres leur dispensent beaucoup d'affection, il éprouve le besoin d'attirer leur attention. Se coucher ainsi sur la table, à la vue de tous, en prenant une pose à faire craquer marche pratiquement à tous les coups.

Le territoire

Les ancêtres de nos chats domestiques chassaient en solitaire, patrouillant sur un territoire qui leur fournissait toute la nourriture nécessaire à leur survie et qu'il fallait défendre. Désormais nourris par nos soins, les chats n'ont plus vraiment besoin de chasser, et pourtant, ils n'ont rien perdu de leur instinct territorial. Le territoire représente pour eux la sécurité et une source de nourriture au cas où, subitement, l'homme ne la leur fournirait plus. Cela peut nous sembler difficile à admettre mais, pour les chats, le territoire est parfois plus important que le foyer et la famille où ils vivent.

C'est ici que je vis

Si le chat doit chasser pour survivre, un vaste territoire de chasse lui est nécessaire. Nos chats domestiques, quant à eux, nourris à satiété par l'homme, peuvent se permettre de partager leur territoire. Mais comme ce chat qui surveille le paysage, ils parcourent malgré tout de vastes étendues afin de savoir qui les a traversées et quelles proies potentielles elles recèlent. Il couvrira de grandes distances durant ses chasses sur ce territoire dont il connaît le moindre bosquet.

Gardons nos distances

Dans les milieux urbains très peuplés où les territoires sont restreints, les chats sont contraints de tolérer une plus grande proximité de leurs semblables que dans la nature. Ils évitent autant que possible les individus inconnus et exploitent tour à tour les ressources d'un secteur. Si les deux animaux que l'on voit ici étaient des chiens, ils s'approcheraient l'un de l'autre, feraient connaissance et finiraient par former une meute. Les chats, eux, s'évitent.

Je garde mon territoire

Surveiller régulièrement son territoire est important et d'autant plus facile que le point de vue adopté est élevé. Les chats acceptent mal les changements dans leur environnement et éprouvent des difficultés à s'adapter lorsque la famille déménage. On rapporte beaucoup de témoignages de chats qui sont retournés à leur ancienne adresse au lieu de rester avec la famille dans la nouvelle maison, surtout lorsque celle-ci n'est pas très éloignée de la précédente.

Le saviez-vous ?

- *Les chats sont très doués pour se forger une image mentale de leur territoire.*
- *Il faut du temps pour bien connaître un territoire. C'est pourquoi les chats passent beaucoup de temps dehors durant les six premiers mois dans une nouvelle maison.*

Que se passe-t-il ?

Cet arbre constitue un excellent poste d'observation pour les chats, qui l'escaladent facilement. Celui-ci a fixé son regard sur quelque chose dans le jardin. Peut-être s'agit-il d'un autre chat, qu'il vaut mieux éviter ou chasser, ou bien d'un oiseau qui ferait une proie appétissante. Il importe pour ces animaux de savoir exactement ce qui se passe sur leur territoire afin de pouvoir le défendre, y chasser et s'y reposer en toute tranquillité.

Messages olfactifs

L'odorat est un sens très important pour les chats. Comparée à celle des humains, leur faculté à détecter des odeurs est tout simplement incroyable et nous avons peine à imaginer l'intensité et la variété des informations qu'ils en retirent. Lorsque l'on dispose d'une capacité limitée à communiquer par le langage corporel, quel moyen reste-t-il pour se renseigner sur un congénère inconnu ou d'autres animaux ? Il peut être dangereux de s'approcher d'eux. L'odorat, alors, prend tout son sens, car il permet d'échanger des informations tout en gardant ses distances. Il suffit de laisser des messages olfactifs qui flottent un certain temps dans l'environnement et informent les autres de votre présence.

Qui est passé par là ?

Un chat ou un autre animal peut être passé par ici et avoir laissé son odeur sur le bord de cette souche. Ce chat la hume longuement pour capter les plus subtiles des senteurs qu'elle porte. S'approcher au plus près de la source est important car cela permet de capter l'information avant que les composants très volatils des arômes ne se dissolvent dans l'air. Ainsi, l'on obtient le message complet et non une version tronquée dont l'essentiel peut manquer.

LE SAVIEZ-VOUS ?

❑ *Les scientifiques sont parvenus à isoler le composé chimique commun à tous les chats produit par les glandes de leurs joues. Il est maintenant reproduit synthétiquement et vendu dans le commerce pour aider les chats à mieux accepter un nouvel environnement et se sentir chez eux lorsqu'un bouleversement, comme un déménagement, a eu lieu.*

Partageons nos odeurs

Laisser son odeur sur son maître est aussi important que sur les objets inanimés de son environnement. C'est ce que ce chat est en train de faire en frottant sa tête, puis ses flancs et sa queue sur les jambes de cette personne. En agissant ainsi, il montre qu'il la reconnaît comme membre de son groupe social. En outre, cela produit une odeur communautaire sécurisante.

Voici ma marque

Ce chat frotte sa joue sur une branche proéminente située à bonne hauteur dans le jardin. Ce faisant, il dépose, à l'adresse des autres chats du quartier, l'odeur produite par les glandes cutanées situées sur le côté de sa tête. Avant de procéder ainsi, il a humé la branche pour vérifier si sa marque précédente y était toujours présente et si elle avait été recouverte par celle d'un congénère ayant traversé son territoire.

Comment renforcer le marquage

Les chats déposent des messages olfactifs pour rappeler aux autres à qui appartient un territoire, pour s'y sentir eux-mêmes plus en sécurité, ou pour marquer leur passage sur un territoire très fréquenté et avertir de leur présence. Afin de renforcer le message, ils peuvent aussi griffer certaines surfaces pour y déposer l'odeur des glandes se trouvant entre leurs coussinets digitaux, ou lancer un jet d'urine sur certains objets saillants. Enfin, dans des cas exceptionnels, et lorsqu'ils veulent apposer une empreinte très forte, les chats très sûrs d'eux déposent leurs fèces (excréments) dans un lieu bien en évidence.

Ceci est mon territoire

Ce chat est en train de marquer son territoire en déposant un jet d'urine sur un objet saillant du jardin. Il s'est tourné dans la direction opposée, a dressé la queue et émet son jet en l'accompagnant d'un tremblement de la queue et d'un mouvement des pattes postérieures. Il semble concentré et ses oreilles sont un peu en arrière. La quantité d'urine projetée est faible comparée à celle qu'il laisse lorsqu'il fait simplement ses besoins. Cela lui permet de déposer un message à la hauteur du nez des autres chats, pour le rendre plus intelligible et immédiatement « lisible ». Il peut également contenir d'autres odeurs provenant des glandes situées sous la queue.

Le saviez-vous ?

❑ *Les chats qui sentent que leur territoire est menacé peuvent répandre des jets d'urine en des points stratégiques tout autour de la maison. Cela permet de remplir le territoire de leur odeur et de renforcer leur sentiment de sécurité.*

❑ *Les causes qui poussent un chat à marquer d'urine l'intérieur de la maison peuvent être des odeurs rapportées par des chaussures ou des sacs, ou bien pour se rassurer à cause d'un autre chat qui le malmène chaque fois qu'il sort par la chatière.*

❑ *Les maîtres négligent ces causes et punissent le chat pour être « sale » dans la maison, ce qui contribue à amplifier son sentiment d'insécurité.*

Signal visuel et odorant

Les chats possèdent des glandes odorantes également sous les pattes, entre leurs coussinets digitaux. Celles-ci sont activées lors des séances de griffades sur différentes surfaces. Les félins se livrent à ce comportement pour entretenir leurs griffes, mais aussi pour laisser des messages olfactifs à l'adresse de leurs semblables. Dans les foyers où plusieurs chats cohabitent, la griffade peut aussi faire office de signal visuel de confiance en soi et d'affirmation d'identité. Les supports très utilisés présentent souvent des dommages marqués et sont régulièrement examinés par les autres chats du quartier. Ce chat semble vouloir gratter l'arbre, mais son corps n'est pas dans la position adéquate. En y regardant de plus près, vous verrez qu'il cherche en fait à attraper un brin d'herbe.

À qui est-ce ?

Lorsqu'un objet n'est pas considéré comme dangereux et appelle un examen plus poussé, le nez entre en action. Ce chat a trouvé un jouet utilisé par un congénère et en approche son museau pour savoir lequel. Il se concentre sur son investigation, mais ses autres sens restent en éveil sur les alentours, afin d'être averti immédiatement au cas où un danger surgirait tout à coup.

Émettre et recevoir

Si les marquages permettent aux chats d'informer leurs semblables de leur présence, les mêmes marquages laissés par les autres chats du territoire leur en apprennent beaucoup en retour sur ces derniers. Nous ne savons pas exactement le type d'informations qu'ils y trouvent, mais il est vraisemblable qu'elles leur permettent d'identifier les individus qui en sont les auteurs. Et il est probable que les dépôts d'urine et de fèces les renseignent aussi sur l'âge, le sexe et l'état de santé du marqueur, ainsi que sur la nature de ce qu'il a mangé récemment.

C'est moi

Le canapé est la première chose que le chat rencontre en pénétrant dans cette pièce. Pour cette raison, il est devenu l'un de ses supports favoris pour laisser un marquage odorant. Il porte d'ailleurs des traces de griffades précédentes ; mais, en l'occurrence, après avoir humé l'endroit, le chat choisit d'y frotter son menton et ses joues, puis son corps et sa queue sur toute leur longueur. En agissant ainsi, il laisse sa marque sur un objet proéminent au cœur de son territoire et mélange son odeur à celle des autres chats qui vivent là.

C'est lui

Un autre chat du foyer vient humer l'endroit du marquage. L'odeur lui est familière ; il reconnaît le chat qui l'a déposée et il n'y a aucune animosité entre eux. C'est pourquoi, son examen effectué, il se contente d'y ajouter son propre marquage. S'il y avait eu compétition entre eux, un marquage plus fort aurait été nécessaire de la part du premier et le second aurait peut-être choisi de griffer ou de projeter un jet d'urine pour recouvrir l'odeur de l'intrus.

C'est mon odeur

En humant l'odeur laissée sur la chaise, ce chat constate que c'est la sienne, déposée il y a un certain temps. Il peut en déduire qu'il est probable qu'aucun autre chat n'est passé par là depuis. Cette odeur est rassurante et lui donne un sentiment de sécurité sur son territoire.

Je vais en ajouter un peu

Les odeurs sont constituées d'arômes, composés chimiques qui se décomposent en se diffusant dans l'air. L'odeur des composants résiduels incite le chat à rafraîchir le marquage en y déposant à nouveau les sécrétions de ses glandes cutanées. Ainsi, les autres chats seront avertis de sa présence permanente.

Le saviez-vous ?

❑ *Dans la cavité nasale, la membrane olfactive, qui renferme les récepteurs sensibles aux odeurs, est 10 fois plus étendue chez le chat que chez l'homme. Dans le cerveau, le bulbe olfactif, qui traite les informations issues de l'odorat, est également plus volumineux que chez l'être humain.*

❑ *Cette capacité accrue à détecter les odeurs et le degré de complexité des informations qu'elles véhiculent explique le temps que les chats passent à localiser et à examiner les messages olfactifs laissés derrière eux par leurs congénères.*

Les autres chats du territoire

Pour les chats qui ne se lient pas facilement, les rapports avec ceux qui occupent le même territoire peuvent être difficiles. L'une des façons de s'accommoder de la surpopulation est de se partager dans le temps l'utilisation de l'espace en laissant des messages indiquant que telle partie du domaine est momentanément occupée.

Les messages chimiques se dégradant progressivement, ceux qui viennent derrière sont en mesure d'estimer depuis combien de temps leur prédécesseur est passé. À partir de là, connaissant les autres chats du quartier, ils peuvent déterminer s'il est sage de s'engager dans un secteur ou s'il vaut mieux aller voir ailleurs en attendant qu'il se libère.

Va jouer dans ton jardin

Les disputes territoriales sont fréquentes dans les zones urbaines, où les jardins sont petits et les chats nombreux. Dans de telles conditions, les face-à-face occasionnels sont inévitables. Ils sont marqués par des postures avec mouvements lents, un regard droit dans les yeux et des grognements qui durent jusqu'à ce que l'un des opposants batte en retraite. Le vainqueur est souvent celui qui se trouve sur son territoire, mais après plusieurs rencontres, chacun saura lequel est le plus fort et le plus susceptible de tenir bon.

LE SAVIEZ-VOUS ?

❑ *En humant l'urine d'un mâle, la femelle peut déterminer s'il constitue ou non un partenaire potentiel pour l'accouplement. Elle est en effet capable d'identifier, dans le liquide, des substances dérivées de l'alimentation du mâle, qui lui diront combien de viande fraîche il a consommé, donc s'il est ou non un bon chasseur. Car il s'agit là d'un critère important dans le choix du père de ses futurs chatons.*

N'approche pas !

Ces deux chats sont désormais face-à-face, aucun n'étant prêt à reculer. Celui qui est debout est dans une position de plus grande force que l'autre, étant sans doute le propriétaire du territoire, ce qui lui confère un atout. Les chats tiennent ainsi parfois leur position pendant des heures avant que l'un des deux ne se décide à abandonner. Mais une fois la décision prise, les chats ne disposent pas de beaucoup de signaux pour avertir l'autre qu'ils vont se retirer. La retraite doit donc être très lente pour prévenir toute attaque du vainqueur.

Il est passé par ici

Les branches et autres points ou éléments saillants sur le territoire sont marqués à hauteur de tête afin que les autres chats détectent facilement les odeurs. Celui-ci a senti une odeur sur la branche et s'est arrêté pour la humer attentivement. Connaître les marques des autres chats du quartier est important, car cela permet de savoir qui est passé par ici et à quel moment.

Chat d'intérieur ou de terrain ?

Chocs avec les automobiles, morsures de chiens, combats entre rivaux, agressions des personnes qui ne les aiment pas, sont quelques-uns des dangers qui guettent nos chats hors de la maison. Malgré tout, beaucoup de maîtres préfèrent laisser leur animal sortir librement et assouvir ses instincts naturels. Il faut bien sûr prendre en compte les risques que cette liberté entraîne inévitablement, mais l'indépendance et la possibilité de chasser, d'explorer le territoire et de se dépenser sont sans aucun doute très bénéfiques à l'équilibre d'un chat.

Cas de force majeure

Un problème médical empêche ce chat de jouir de la liberté mais sa maîtresse essaie de lui adoucir sa peine en le promenant en laisse. Les chats peuvent apprendre à supporter une telle situation, surtout si elle intervient dès leur jeunesse. Néanmoins, contrairement aux chiens, ils ne sont pas adaptés à la laisse car leur réaction habituelle face à une menace est de partir en courant, se cacher ou se poster en hauteur. La laisse les en empêche et peut provoquer une panique et une détresse considérables si le danger est important.

Est-ce sans risque ?

Certains chats peuvent décider de ne plus sortir s'ils sont agressés continuellement par d'autres chats ou menacés par certains dangers de leur environnement. Celui-ci observe les alentours à la sortie de sa chatière pour s'assurer qu'il peut s'aventurer plus loin en toute quiétude. Il faut du courage pour ressortir après avoir été victime d'une attaque. La présence du maître durant les premières sorties peut aider l'animal.

Je m'ennuie

Les chats que l'on garde en permanence enfermés ont besoin de nombreuses occupations afin qu'ils ne sombrent pas dans un état de prostration dû à l'ennui. Des jouets, des centres d'activité, des troncs où ils peuvent grimper leur fourniront un peu de l'exercice et des jeux dont ils ont besoin. Il faut introduire constamment de la variété dans leur vie, sous la forme de nouveaux objets à expérimenter et de nouveaux jeux, afin de garder leur intérêt en éveil et de les maintenir alertes. Tout cela demande des efforts de la part du maître. Force est de constater que garder un chat à la maison ne constitue pas le meilleur choix.

LE SAVIEZ-VOUS ?

❑ *Les chats particulièrement agressifs peuvent dissuader les autres chats d'un quartier de s'aventurer au dehors. Cela peut entraîner des problèmes d'hygiène, de dépression et d'autres troubles du comportement. S'entendre avec ses voisins pour laisser sortir les chats à tour de rôle peut être une solution pour que chacun ait sa part de liberté.*

Je voudrais bien sortir

Pour les chats qui ont connu la liberté à l'extérieur par le passé, le confinement peut être très difficile à supporter. Ils peuvent se poster devant une fenêtre et faire claquer leurs dents de frustration lorsqu'ils voient un oiseau, ou bien effectuer dans le vide les gestes de capture. Ceux qui ont vécu toute leur vie en intérieur ne savent pas ce qu'ils manquent mais, instinctivement, ils trouvent le monde extérieur fascinant et stimulant.

L'exploration du territoire

Il est important pour les chats de bien connaître leur territoire afin de déterminer où sont situés les meilleurs terrains de chasse. Ce sont des explorateurs rigoureux qui examinent les moindres détails de leur environnement et s'intéressent à tout ce qui est nouveau. Ils effectuent fréquemment des tournées de surveillance, car les chats aiment s'assurer que tout va bien dans leur petit monde. C'est ce qui explique leur insistance à vouloir nous faire ouvrir la porte simplement pour rester sur le palier ou jeter un coup d'œil. Les maîtres trouvent souvent ce comportement difficile à comprendre et s'agacent du fait que le chat, après avoir tant insisté, ne franchisse même pas la porte ou ne sorte que quelques secondes pour rentrer aussi vite.

Comme des antennes

Les vibrisses sont un gros atout pour explorer un environnement. Ces longs poils épais implantés autour du museau et au-dessus des yeux possèdent, à leur base, de nombreux récepteurs tactiles. Elles permettent, par exemple, de déterminer la largeur d'un passage, de « sentir » son chemin dans le noir ou de détecter les courants d'air assez forts pour les faire vibrer.

LE SAVIEZ-VOUS ?

- *Les chats explorent avec méthode un nouveau territoire afin de mieux le connaître et en tracent, dans leur tête, une carte détaillée. Grâce à cette carte, ils sont capables d'élaborer mentalement de nouveaux itinéraires pour retourner vers la maison, même s'ils ne les ont jamais empruntés auparavant.*

Surveillance étroite

La curiosité que le chat montre à l'égard de tout ce qui se passe autour de lui contribue à l'établissement de la carte mentale de son territoire. Un territoire qu'il est essentiel de surveiller. Ce chat hume les odeurs laissées par ses semblables dans les buissons, car bien connaître ses rivaux est fondamental. Par ailleurs, se tenir informé des variations de la quantité de proies disponibles est vital en milieu sauvage. Bien que nos chats n'en aient plus besoin dans leur environnement domestique douillet, ils n'ont rien perdu de l'instinct naturel qui animait leurs ancêtres.

Ça passe tout juste

Les chats peuvent se faufiler par des passages étonnamment étroits. Celui-ci semble être coincé entre la porte et le mur mais, en réalité, il se fait tout petit pour passer dans l'espace étroit qui existe entre les deux. Ses vibrisses lui ont servi à déterminer si l'ouverture était suffisante pour pouvoir s'y glisser. Une fois la tête et les épaules passées, le reste du corps suit sans difficultés.

Une curiosité légendaire

La curiosité naturelle du chat peut le mener, au cours de ses explorations, dans des situations dangereuses. Les témoignages rapportant des chats enfermés accidentellement dans des réduits ou des machines à laver ne sont pas rares. Mais pour un chat sauvage, il en va tout autrement. Cette même curiosité lui apporte une meilleure connaissance des territoires de chasse qui assureront sa survie en période de raréfaction des proies. Répétons une fois de plus qu'en dépit de l'alimentation qui leur est fournie par l'homme, les chats domestiques n'ont rien perdu de leur instinct naturel.

L'attrait de la nouveauté

Ce chat a exploré l'échelle apparue sur son territoire et il s'en sert maintenant comme point d'observation pour surveiller le jardin. Les chats montrent beaucoup de curiosité à l'égard de tout objet nouveau, et mènent des investigations poussées pour s'assurer qu'il n'est pas dangereux et voir s'ils ne pourraient pas en tirer quelque avantage.

LE SAVIEZ-VOUS ?

- *Les chats sont connus pour être capables de parcourir de très longues distances pour retourner vers le territoire qui leur est familier après un déménagement, lorsque leurs maîtres les ont laissés sortir trop tôt.*
- *À l'inverse, on en connaît qui ont fait de longs voyages pour rejoindre, dans une nouvelle maison, des maîtres qui les avaient laissés derrière eux. Personne ne sait comment ils ont pu déterminer la direction à suivre et trouver leur nouvelle adresse.*

Qu'y a-t-il là-dedans ?

Ce « centre d'activité » pour chats présente une petite ouverture dont la taille est idéale pour exciter la curiosité de l'animal. Si elle était plus grande, l'animal verrait à l'intérieur et ne se préoccuperait pas d'aller voir de plus près.

Je vais voir

Le chat ne peut résister à sa curiosité naturelle et se glisse dans cet espace, tout juste assez grand pour lui. Dans la nature, des cavités comme celle-ci pourraient être la tanière de quelque proie potentielle.

Déjà passé par là

Ce chat a déjà exploré cet endroit bien des fois et n'y a jamais rien trouvé ; mais il espère toujours que quelque chose d'intéressant puisse s'y cacher un jour.

La chasse et la forme

Attraper des proies est une pulsion féline naturelle. Même s'il est vrai qu'il chasse plus s'il est affamé, il n'est pas nécessaire qu'un chat ait faim pour cela. Par conséquent, nos félins domestiques ne peuvent s'empêcher de chasser, même s'ils sont nourris à satiété par nos soins. Ils y sont poussés par leur instinct et pour bien des maîtres, le fait qu'ils tuent des animaux est l'un des aspects les moins agréables de leur personnalité. Bien sûr, tous ne chassent pas avec la même assiduité, mais la plupart sacrifient plus ou moins à ce besoin. Il est possible de leur offrir des dérivatifs sous la forme de jouets sur lesquels reporter leurs pulsions mais, à moins de les cloîtrer définitivement, il n'est pas possible de les empêcher totalement de se livrer à leur activité prédatrice.

Tu ne me vois pas

Ce chat guette un jouet et s'apprête à bondir dessus. Il se tasse au sol et reste immobile, tous ses sens focalisés sur sa « proie ». S'il était dehors à chasser un animal bien vivant, sa manœuvre serait sans succès, car il serait vu immédiatement par sa victime bien avant de l'atteindre. Une attaque surprise depuis un fourré aurait de meilleures chances de réussite.

Le saviez-vous ?

- *Les chats préfèrent chasser à l'aube et au crépuscule, lorsque les petits mammifères sont actifs.*
- *Les yeux des chats sont adaptés pour leur fournir une meilleure vue par faible luminosité, afin de leur permettre de chasser avec succès au crépuscule.*
- *Lorsqu'ils en ont la possibilité, les chats préfèrent s'attaquer aux petits mammifères plutôt qu'aux oiseaux. Pour les capturer, ils s'embusquent aux abords de leurs voies de passage et attendent patiemment leur arrivée.*
- *Durant les chasses diurnes, les oiseaux sont généralement les seules proies disponibles. Pour les attraper, les chats se dissimulent dans les fourrés et attendent que les oiseaux se posent à terre.*

Prêt à bondir

Les chats aiment se poster à l'affût, dissimulés dans la végétation, prêts à fondre sur la proie qui passera à leur portée. Ici, un panier fait office de cachette pour ce chat qui se ramasse avant de bondir. Il est totalement immobile, les yeux et les oreilles rivés sur sa future proie. Il choisit soigneusement son moment pour se détendre, attendant l'instant où la victime est assez proche pour la saisir sans peine.

Je vais t'attraper

Les chats ne sont pas de bons coureurs. Ils préfèrent se poster à l'affût de leur victime, bien dissimulés, plutôt que de la poursuivre. Le jouet est encore à quelque distance mais l'animal a été incapable de résister à la pulsion du bond. Ses pattes antérieures ont touché le sol avant ses postérieures.

Trop rapide pour moi !

La tête immobile afin de garder tous ses sens fixés sur le jouet, le chat s'est lancé dans une course éclair pour le frapper de sa patte. Si l'objet avait été une vraie proie, celle-ci aurait eu le temps de se sauver bien avant que le prédateur ne l'atteigne. Ce dernier aurait dû attendre que la proie soit plus proche avant de s'élancer.

Le saut et l'attaque

Le chat attaque d'abord sa proie avec ses pattes antérieures. La morsure vient plus tard, lorsque la victime est « sonnée » et donc moins en mesure de se défendre. Le bond qui précède la capture soulève le corps du félin assez haut, afin qu'il retombe de tout son poids sur l'animal. Une fois celui-ci étourdi, les griffes entrent en action pour l'empêcher de s'échapper et préparer le coup de grâce porté par les crocs. Les chats capturent surtout des rongeurs, mais la même technique est appliquée aux oiseaux. Une fois que l'animal a été frappé, ses efforts pour tenter de reprendre les airs sont réduits à néant par les coups de pattes du chat dressé sur son arrière-train.

Le grand saut

Voici le bond athlétique d'un chat saisi en plein vol. Pour le prédateur, l'ouïe est aussi importante que la vue sous un couvert dense et les chats localisent les rongeurs à leurs cris aigus et aux bruits de froissement qu'ils provoquent dans la végétation. Les oreilles dressées vers l'avant, focalisées sur la source du bruit, le chat bondit pour retomber avec une précision parfaite sur la proie qu'il convoite.

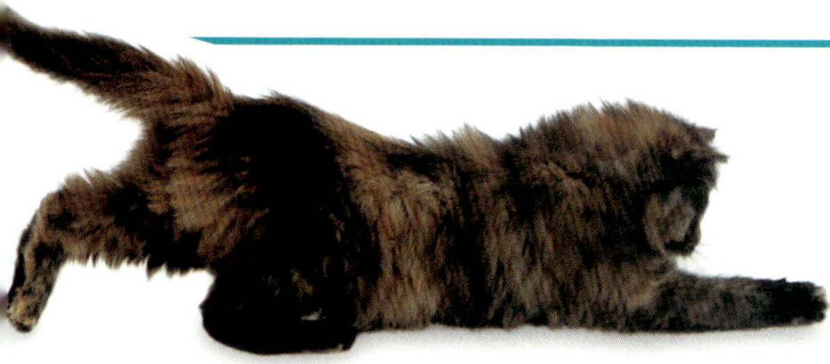

Manqué

Les chatons affûtent leurs aptitudes instinctives à capturer des proies en s'entraînant sur tout ce qui bouge. Celui-ci vient de manquer la balle qui passait devant lui. À mesure que son savoir-faire grandira, il apprendra à ne plus gaspiller son énergie dans des gestes voués à l'échec.

Le saviez-vous ?

❑ *Leurs griffes courbes et acérées permettent au chat de saisir ses proies. Mais celles-ci peuvent également se prendre dans l'étoffe de nos vêtements et provoquer la panique du chat s'il ne parvient pas à se dégager.*

Saisi au vol

En se dressant sur son arrière-train, le chat augmente ses chances d'attraper un oiseau qui volette. Cela peut être insuffisant si l'oiseau est rapide ; mais, pour réussir, le félin compte sur l'affaiblissement de sa proie, provoqué par son premier bond, et sur sa vitesse de réaction.

Prédateur en herbe

En jouant avec ce jouet qui se balance au bout d'un fil, ce chaton s'entraîne à devenir un bon chasseur. Les meilleurs jouets sont ceux qui imitent la réalité ; les chatons sont instinctivement attirés par ceux qui sont de la taille approximative d'un oiseau, avec des parties souples et mobiles simulant des ailes. L'animal a levé haut la patte et s'apprête à frapper toutes griffes dehors, pour aplatir ensuite l'objet sous lui afin de l'empêcher de s'enfuir.

L'instant de la capture

Une fois la proie saisie, si celle-ci est grosse et se défend, il peut être nécessaire de l'affaiblir par des lâchers et captures répétés. Une proie affaiblie est moins susceptible de faire volte-face et d'attaquer le chat en retour. Si les pattes et les griffes assurent la capture, la mise à mort est effectuée par une morsure au cours de laquelle le chat plante une canine entre les vertèbres du cou de sa victime pour les disloquer.

Les vibrisses et les poils sensibles autour de la gueule de l'animal jouent un rôle important dans tout ce processus, et des récepteurs situés à la base de ses canines aident le félin à placer finement sa morsure lors du coup de grâce.
Les chats sont, en réalité, de superbes petites machines à tuer. Si détestable que cela puisse paraître à leurs maîtres, ils sont programmés pour cela. Il n'est pas bon de vouloir les en empêcher.

LE SAVIEZ-VOUS ?

- *Les chats donnent souvent l'impression de jouer avec leur proie lorsqu'ils la frappent, la laissent partir et la recapturent.*
- *Le «jeu» avec la proie peut être dû à un manque de pratique faisant d'un chat un prédateur inexpérimenté.*
- *Ce «jeu» peut être aussi une façon d'affaiblir une victime susceptible de mordre son agresseur pour se défendre ; une précaution essentielle avant d'approcher sa gueule et ses parties vulnérables pour porter le coup de grâce.*

Étrange bestiole

Il faut être prudent lorsqu'il existe un risque que la victime ne contre-attaque. Ce chat est un très bon chasseur, mais face à un nouveau jouet aux formes étranges, il ne peut savoir s'il est sans danger. Ses mouvements ont attiré l'attention du chasseur, mais celui-ci s'approche prudemment, prêt à un recul précipité si cela s'avérait nécessaire. Il le jauge du bout de la patte pour voir sa réaction et décider des suites à donner.

Vas-tu rester en place !

Ayant attrapé sa souris factice, le chat la tient entre sa gueule et ses pattes antérieures, se servant des postérieures pour la griffer. Il s'agit ici d'un jeu. Dans la réalité, le chat ne laisserait pas une proie vivante si proche de son ventre, une région vulnérable. Mais c'est un bon entraînement au combat avec d'autres chats ou à la défense. Bien que les griffes postérieures soient souvent moins acérées que les antérieures, les muscles de l'arrière-train sont puissants et, utilisés de cette manière, ils peuvent provoquer des dommages significatifs au ventre d'un opposant.

Je t'ai eue

Ce chat est en train de jouer et affiche un comportement détendu. À l'extérieur, c'est un chasseur efficace qui sait parfaitement tuer une proie. S'il avait voulu se placer pour porter le coup de canine décisif, il serait sur elle, la plaquant au sol.

L'agilité du chat

Les chats ont l'étonnante capacité de bondir avec agilité sur des plans élevés, de rester en équilibre précaire sur d'étroites surfaces et de se rétablir très vite lorsqu'ils tombent. Ils disposent pour cela de caractères morphologiques particuliers et de connections nerveuses entre le cerveau et le reste de l'organisme, qui les renseignent à tout instant sur la position précise et les mouvements de leur corps. Les réflexes, qui ne nécessitent pas de volonté consciente pour être mis en œuvre, augmentent leur vitesse de réaction et leur permettent d'agir plus vite que s'ils le faisaient de manière consciente.

Et hop !

Les muscles des pattes postérieures des chats sont puissants et leur permettent de sauter sans peine, même à l'arrêt, sur des plans élevés. Ils peuvent ainsi bondir pour se mettre hors de danger en cas de besoin, et accéder à des endroits que de hautes clôtures rendraient autrement inaccessibles. Des récepteurs tactiles situés sur la face et dans les pattes les informent lorsqu'ils atteignent leur destination. Ils sont, de plus, soutenus par un sens de l'équilibre très fin, grâce auquel ils peuvent se réceptionner avec précision sur les supports les plus exigus.

Le saviez-vous ?

- *Un chat en bonne santé peut sauter jusqu'à cinq fois sa propre hauteur.*
- *Les chats ont des vertèbres spéciales qui leur permettent de fléchir leur colonne vertébrale beaucoup plus librement que d'autres animaux.*

Où est donc cet oiseau?

Les chats sont toujours attirés par les petits animaux en mouvement, même s'ils sont hors de portée. Ce félin a fixé son attention sur des oiseaux appétissants et les suit sur son territoire, observant leurs mouvements et guettant l'instant où il pourra leur sauter dessus. Les oiseaux houspillent souvent les chats, en particulier durant la saison de reproduction. Les félins, dans ce cas, ne prennent pas le risque d'être blessés par le bec des oiseaux qui piquent sur eux et préfèrent alors s'éloigner.

À la descente

Ce chat ne dispose pas de beaucoup d'espace pour manœuvrer et ne peut atterrir sur ses quatre membres. Ses pattes sont très sensibles et il possède quelques poils tactiles épaissis situés derrière les poignets, qui le renseignent sur l'instant où il atteindra son objectif.

L'instinct de chasse détourné

Certains chats ont un instinct chasseur plus prononcé que d'autres. Enfermés sans occasions de l'assouvir, ils peuvent reporter leur attention sur ce qui bouge dans la maison. Hommes – enfants et adultes – et autres animaux domestiques en font alors les frais. Souvent, il ne s'agira que de jeux sociaux et, dans ce cas, la morsure sera inhibée. Mais il arrive parfois qu'un vrai comportement prédateur s'exprime et, dans la mesure où il a pour fonction d'attraper et de tuer, l'animal peut infliger à sa victime de sérieuses blessures. Donner au chat des occasions de sortir chasser ou de jouer avec des proies de substitution constitue une partie de la solution. Quoi qu'il en soit, le fait que les chats puissent agir ainsi sur des membres de la famille avec lesquels ils sont habituellement très doux, montre à quel point la chasse est instinctive chez ces animaux.

Surprise !

Ce chat attend que sa maîtresse passe à côté de lui et bondit alors sur ses jambes et ses pieds comme s'il s'agissait d'une proie animale. Heureusement, celui-ci jouit aussi de nombreuses occasions de jouer et de sortir dehors, de sorte que ces « attaques » relèvent plus du jeu social que d'un réel comportement prédateur. Ses morsures sont donc inhibées et ses griffes restent rentrées.

Le saviez-vous ?

- *Qu'ils aient du mal à tolérer son instinct chasseur ou afin de le préserver des dangers du dehors, certains maîtres préfèrent garder leur chat à l'intérieur. Détourner les comportements prédateurs des félins les plus actifs vers des chasses de substitution sur des jouets peut contribuer à les dissuader d'aller voir à l'extérieur. Néanmoins, dès que se présentera l'occasion de chasser, leurs pulsions naturelles referont surface.*

Gare à ta queue !

Les jeux des chatons perfectionnent leur habileté à attraper des objets mouvants et peuvent être essentiels à leur survie future. La queue du chien est une cible bien tentante, qui remue de temps à autre au sol comme une vraie proie. Si ce chaton a un instinct chasseur très marqué et se voyait refuser plus tard la possibilité de l'assouvir, il pourrait bien reporter son attention sur des proies de substitution de ce genre.

Victime silencieuse

Mu par un puissant instinct chasseur, ce chat se laisse facilement prendre au jeu d'une proie de substitution. Ces divertissements offrent un dérivatif à son énergie prédatrice et, après plusieurs séances par jour, il sera moins enclin à vouloir sortir chasser des proies vivantes. Plus le jouet sera animé de mouvements imprimés par la main du maître pour mimer les déplacements d'une vraie proie, plus le félin appréciera et sera satisfait.

La proie à la maison

Les chats sauvages emportent leur proie sous le couvert pour la dévorer dans une relative quiétude. Généralement, ils la consomment en totalité mais, à l'occasion, il leur arrive d'en avoir plus qu'ils ne peuvent avaler. Le surplus sera alors emporté vers la tanière pour un repas ultérieur. Certains chats la cachent, d'autres la laissent telle quelle au sol. Ce n'est que lorsqu'ils ont des chatons qu'ils la ramènent pour nourrir les leurs. Un débat existe afin de déterminer si les chats voient en leurs maîtres des chatons géants ou s'ils ramènent leur proie à la maison seulement à titre de réserve alimentaire, en cas de besoin.

La seconde hypothèse semble la plus vraisemblable, car ils n'apportent pas la proie directement à l'homme, mais la laissent plutôt gisant sur le sol.

Le saviez-vous ?

- *Certains chats aiment manger de la laine, du plastique ou d'autres matériaux non alimentaires.*
- *Cette tendance est plus commune chez certaines races que d'autres. Elle peut être liée à un désir insatisfait de mastiquer et consommer de la nourriture sous une forme plus «naturelle», les chats domestiques étant généralement nourris avec des aliments nécessitant peu de mastication pour être ingérés.*

C'est bon

Dévorer la proie est l'aboutissement de la partie de chasse et vient naturellement à un chat qui a faim. Mais comme nous nourrissons nos animaux domestiques à satiété, leurs chasses constituent un surplus par rapport à leurs besoins. Ils rapportent alors les proies non consommées à la maison. Là, elles seront simplement laissées sur le sol, ou bien le chat jouera avec s'il a éprouvé quelque frustration dans son comportement prédateur.

Est-ce bien appétissant ?

Les maîtres goûtent généralement très modérément les prouesses chasseresses de leur félin et certains le réprimandent, voire le punissent activement pour avoir rapporté leur proie à la maison. Cela ne peut que dérouter le chat, sans jamais mettre fin à un comportement si profondément ancré dans sa nature. S'il semble parfois que l'animal rapporte la proie pour l'homme, il peut s'agir d'une coïncidence avec un comportement d'accueil à son retour.

Qu'as-tu là ?

Ce chat joue avec les restes d'un oiseau, tandis que son compagnon, intéressé par l'action, l'observe. Les chats ne rapportent pas leurs prises pour nourrir les leurs, sauf les femelles ayant des chatons. Ils ne cherchent pas à les protéger de l'appétit des autres félins, à moins qu'ils aient encore faim. Dans la nature, ils n'attrapent que le nécessaire pour vivre et sortent chasser tous les jours, de sorte qu'ils ont rarement du surplus. Une fois repus, tout reste sera rapporté à la tanière et dissimulé.

L'heure du repas

Les chats apprennent très tôt que les humains sont une bonne source de nourriture. Ils aiment manger peu, mais souvent, comme dans la nature, où ils capturent fréquemment de petites proies. Mais les maîtres préfèrent en général les nourrir une à deux fois par jour. Il n'est donc pas surprenant que ces animaux réclament souvent à manger. Si son maître est doux et attentif quand vient l'heure du repas, le chat apprendra vite le comportement le plus susceptible de déclencher le nourrissage et l'adoptera chaque fois qu'il aura faim. L'homme apprécie souvent ces démonstrations et aime nourrir son chat, mais il est meilleur pour l'animal de lui laisser à disposition des aliments secs en quantité, dont il pourra se servir à discrétion. Les chats d'extérieur actifs savent généralement s'autoréguler et consomment rarement plus qu'ils n'ont besoin.

L'appel du ventre

Les chats qui ont faim et réclament de la nourriture s'approchent de leur maître, queue dressée, et s'enroulent autour de ses jambes, contre lesquelles ils se frottent la tête et le corps. Il s'agit à l'origine d'un comportement d'accueil, mais les félins apprennent vite à l'utiliser pour solliciter à manger. Si le maître renforce ce comportement en satisfaisant la demande, les chats continueront de l'employer chaque fois que nécessaire. Toutefois, certaines personnes confondent les véritables comportements d'accueil avec les demandes de nourriture, ce qui peut donner des chats trop nourris.

Le saviez-vous ?

❑ *Les chats sont des opportunistes et, pour les individus particulièrement sociables, il n'est pas rare qu'ils aillent se faire nourrir dans deux ou trois maisons du voisinage, où des humains qui les aiment n'hésitent pas à tenir à leur disposition une petite écuelle.*

Le signal du repas

Lorsque sa maîtresse lui fait signe qu'il peut grimper, ce chat ne perd pas de temps. D'habitude, il n'a pas le droit de monter sur le plan de travail, mais il a appris qu'un tapotement de la main de sa maîtresse sur la surface signifiait qu'il pouvait le faire pour venir manger. Les chats se laissent assez bien dresser, pourvu qu'il y ait une bonne récompense à la clé.

Ne me fais pas attendre

L'animal a faim et a levé une patte pour tenter d'attirer l'écuelle à lui. Sa queue est dressée dans un signal amical, mais il est plus intéressé par la nourriture que par sa maîtresse. Certaines personnes n'aiment pas voir les chats monter sur les plans de travail de la cuisine, mais il est difficile de les en dissuader car ils apprennent vite à venir chaparder quelques restes de repas.

J'ai si faim

Le chat se jette sur la nourriture sans attendre que l'écuelle soit totalement posée. Les aliments secs et croquants sont excellents pour les dents du chat, qu'ils contribuent à maintenir propres. Ils lui fournissent également l'exercice masticatoire que ses mâchoires auraient à faire si l'animal chassait pour son compte.

L'élimination

Lorsque ce n'est pas pour laisser un marquage olfactif, les chats préfèrent enterrer leurs fèces afin de ne pas laisser de traces. Ils creusent un trou, qu'ils recouvrent ensuite afin de rendre l'espace propre, mais plus encore pour ne laisser aucun indice de leur présence. Ils agissent ainsi instinctivement, très tôt, dès qu'ils sont capables de quitter la tanière, pour peu que le sol soit facile à gratter. Ils préfèrent les substrats propres, secs et finement granuleux, où une dépression est vite pratiquée. C'est pourquoi les tas de sable ou de terre fraîchement retournée constituent pour eux des endroits favoris pour faire leurs besoins, au grand dam des usagers des bacs à sable et des jardiniers.

Pudeur féline

Les chats aiment pouvoir se cacher lorsqu'ils font leurs besoins et recherchent un endroit isolé où ils se sentiront moins vulnérables. Une fois le trou creusé dans le substrat, ils se posent et adoptent une étrange expression de concentration. En intérieur, leur désir d'intimité pousse souvent ces animaux à se soulager derrière un canapé ou dans quelque autre endroit inaccessible plutôt que dans un bac à litière disposé dans un endroit trop exposé.

Couvrir les besoins

Les besoins étant faits, le chat se retourne et ramène la terre sur le trou pour recouvrir ses fèces. Après quoi, il renifle la surface comme pour s'assurer que l'odeur n'est plus détectable. Il se secoue ensuite les pattes pour déloger les particules de terre qui s'y sont prises, puis quitte l'endroit avant d'entamer une toilette.

LE SAVIEZ-VOUS ?

❑ *Les chats ratent parfois leur coup et déposent leurs fèces en dehors du bac à litière. Disposer le bac dans un autre plus grand ou en choisir un avec des bords élevés peut prévenir ce désagrément.*

Ne confondons pas

Ce chat est en train de déposer un message olfactif en projetant un petit jet d'urine sur un buisson (voir page 26). Dans ce cas, la quantité d'urine déposée est faible et l'animal devra, plus tard, creuser un trou pour vider sa vessie. Il a la même expression de concentration, mais sa posture est différente, car il doit se dresser pour viser aussi haut que possible.

Je n'aime pas ça !

Les chats sont délicats et n'aiment pas manger à proximité de leur bac à litière. Pourtant, les maîtres, par souci de commodité, les disposent souvent côte à côte, mais cela peut poser un réel dilemme à un animal qui veut être propre. Si certains félins s'en accommodent, d'autres peuvent choisir d'utiliser un autre endroit de la maison pour se soulager.
Les chats préfèrent trouver une litière propre ou peu souillée. C'est pourquoi, pour éviter les accidents, il est préférable de la changer souvent et d'en avoir deux de disponibles, au cas où l'une serait sale.

La toilette du chat

Les chats passent beaucoup de temps à faire leur toilette. Ce faisant, ils lissent leur poil pour le rendre plus isolant par temps froid et le débarrassent des parasites. En étalant de la salive sur la fourrure, la toilette permet aussi aux chats de se rafraîchir par temps chaud. Leur langue présente une surface rêche, marquée de petites épines orientées vers l'arrière qui agissent comme un peigne. Les poils sont avalés et recrachés plus tard sous forme de boules. Une toilette mutuelle a également pour fonction de favoriser les relations entre individus, le dominé faisant un effort pour toiletter le dominant. Elle peut aussi servir de diversion lorsque l'animal se trouve dans une situation difficile. Trop de toilette peut provoquer des pelades chez un chat anxieux ou qui s'ennuie.

LE SAVIEZ-VOUS ?

- *Comparée à celle de la plupart des autres animaux, la clavicule des chats est de petite taille, mais leur épaule est soutenue par une musculature plus développée. Elle est, par conséquent, beaucoup plus mobile, ce qui leur permet des mouvements beaucoup plus souples durant la toilette, lors des attaques de proies ou des rétablissements après un saut ou une chute.*

Toilette intégrale

Les chats sont étonnamment souples et peuvent atteindre de leur langue n'importe quelle partie de leur corps, à l'exception, bien sûr, de leur tête. Celui-ci lève une patte postérieure pour la toiletter. Cette position lui permet aussi de nettoyer la région urogénitale. Les chats perdent de la souplesse en vieillissant et les plus âgés ont souvent besoin d'aide pour entretenir la nuque et le derrière des pattes postérieures, ces parties étant les plus difficiles à atteindre.

Et la tête

La toilette de la face et du derrière de la tête s'effectue en déposant de la salive sur le bord d'une patte antérieure, qui est ensuite passée sur les parties concernées. Ce mouvement est répété autant de fois que nécessaire pour un nettoyage complet. Par temps chaud, une salive plus liquide est répartie sur la fourrure, ce qui rafraîchit considérablement l'animal.

Quand ça démange

Avec ses pattes postérieures, le chat peut se gratter presque toutes les parties antérieures du corps. Les félins qui ont des puces s'arrachent parfois des touffes de poils derrière les oreilles sous l'effet de l'irritation. Ce n'est pas le cas de celui-ci qui se gratte délicatement l'intérieur de l'oreille et le côté de la tête.

Fourrures à problèmes

Les longs poils épais, en particulier ceux très souples et touffus des races persanes, sont le résultat de l'élevage sélectif effectué par l'homme. Si l'on ne veut pas qu'ils s'emmêlent et perdent leur éclat, les chats ont besoin d'assistance et de toilettes régulières effectuées par le maître. Celui-ci parvient tout juste à entretenir les siens, mais éprouve des difficultés à lisser les plus longs situés sur son dos.

Les pattes et les griffes

Les chats sont armés de griffes acérées, recourbées à l'extrémité, qui leur assurent une bonne prise sur les proies. Au repos, elles sont rentrées afin d'éviter qu'elles ne s'usent mais, au moment de la capture, elles jaillissent du repli de peau qui les recouvre. Ces griffes poussent de façon continue et, périodiquement, le chat doit les débarrasser de leur enveloppe extérieure usagée pour dégager la nouvelle griffe qui a poussé dessous. Pour ce faire, il griffe de haut en bas une surface accrochante. Les griffades sont également pratiquées en des points stratégiques pour laisser des messages olfactifs (voir page 27).

Des griffes à se faire

Ce support à griffer est beaucoup trop petit pour un chat adulte. L'animal préfère en effet pouvoir se dresser de toute sa hauteur, afin de s'aider du poids de son corps pour faire ses griffes sur la surface. Celui-ci est obligé de s'asseoir pour l'utiliser.

LE SAVIEZ-VOUS ?

- *Les chatons naissent les griffes sorties. Les muscles qui permettent de les rétracter dans une gaine de peau se développent progressivement par la suite.*
- *Les pelotes (coussinets) plantaires des pattes des chats renferment de nombreux récepteurs tactiles et sont très sensibles.*
- *Certains chats se comportent étrangement avant un tremblement de terre. Peut-être détectent-ils d'infimes vibrations du sol à travers leurs pelotes plantaires si sensibles.*

Juste à la bonne taille

Une branche comme celle-ci, bien fixée sur un socle, constitue un support à griffer idéal et préparera de jeunes chats aux griffades sur l'écorce des arbres, quand ils seront en âge de sortir. Elle est assez haute pour permettre aux chatons de se dresser de toute leur hauteur, afin d'appliquer leur poids sur les pattes et rendre ainsi l'action efficace. En réalité, le petit chat que l'on voit ici est d'avantage en train de jouer que de faire ses griffes ; car, pour cela, les chats équilibrent leur corps sur leurs membres postérieurs, afin de pouvoir ramener les pattes antérieures à la verticale le long du corps.

Un support idéal

Dans le jardin, les chats griffent l'écorce des arbres ou des planches. Mais toute surface similaire peut aussi bien faire l'affaire et, dans la maison, le mobilier est souvent leur cible favorite. Ce canapé n'en est pas à sa première griffade et l'odeur d'autres chats y a déjà été déposée. Ce jeune félin a interrompu ses coups de griffes pour humer attentivement l'endroit, afin de savoir qui y est passé avant lui. Le canapé est un objet saillant dans la pièce et, de ce point de vue, constitue un support idéal pour un marquage olfactif.

Le sommeil du chat

Les chats dorment une grande partie de leur vie. En tant que prédateurs, ils passent moins de temps à se nourrir que les animaux herbivores et ont donc du temps à consacrer au repos. Afin d'économiser leur énergie et, par conséquent, de passer moins de temps à chasser, ils recherchent, pour accueillir leur sommeil, des endroits chauds et confortables. Ils connaissent tous ceux qui se trouvent sur leur territoire.

Les chats préfèrent les courtes siestes aux longues périodes de sommeil mais, lorsqu'ils sont assez confiants pour s'endormir profondément, ils produisent alors les mêmes types d'ondes cérébrales que les humains lorsqu'ils rêvent. Durant ces phases, leur corps est animé de soubresauts mimant leurs mouvements éveillés et il est facile d'en conclure qu'ils rêvent, comme nous, de leurs activités de la journée.

Les machines ont du bon

Un moteur d'automobile encore chaud attire souvent les chats, au grand dam des conducteurs qui récupèrent leur véhicule avec des empreintes sur le pare-brise. Les chatons se faufilent même parfois dans les moteurs pour trouver une place chaude pour leur sieste, et l'on en connaît qui ont parcouru ainsi de longues distances piégés sous le capot.

Tendre chaleur

Autre source de chaleur : les maîtres, sur les genoux desquels les chats aiment venir se blottir. Ils s'y détendent souvent totalement, au point de s'endormir, se réveillant parfois en sursaut avec la sensation d'être agressés par des mains qui se déplacent sur leur corps. Le plus souvent, ils réalisent vite que ce n'est que leur maître qui les caresse. Mais ils peuvent aussi parfois se rebiffer, griffer et mordre la personne étonnée.

Parfait pour une sieste

Le canapé est un bon endroit pour une sieste, pourvu que les humains bruyants soient sortis et ne risquent pas de s'asseoir sur vous ! Ce chat est au chaud et confortablement installé, somnolant, les yeux clos. Mais il reste toutefois en alerte, les oreilles dressées, guettant le moindre bruit qui pourrait indiquer un danger.

Le saviez-vous ?

- *Les ancêtres de nos chats domestiques vivaient, à l'origine, en milieu désertique.*
- *Par conséquent, nos chats sont parfaitement à l'aise sur des surfaces chauffées, dont la température nous semblerait, à nous, humains, beaucoup trop élevée.*

Chauffage central

Les chats savent très bien où trouver un endroit chaud lorsqu'il fait froid. Ainsi, celui-ci a vite compris que la chaudière qui alimente la maison est toujours à bonne température et en a fait son coin de repos favori. Il a même tellement chaud qu'il doit dérouler son corps pour dormir. Ici, il a été dérangé par le photographe et garde les yeux sur lui, mais il replongera vite dans le sommeil après son départ.

Sécurité et intégrité

Maintenir son intégrité physique est une priorité dans la nature, où rien ni personne ne viendra vous secourir si vous êtes blessé. Chez les chats domestiques, le besoin de sécurité est resté très fort. Lorsqu'ils se sentent menacés, ils peuvent choisir entre quatre types de comportements pour traiter le problème rencontré : le combat, la fuite en courant, la fuite en se réfugiant en hauteur, ou l'immobilité. Ils peuvent passer rapidement de l'un à l'autre, selon l'efficacité de la tactique adoptée. Lors des rencontres dangereuses, une évaluation constante du risque est donc nécessaire, afin de réagir en conséquence. Cela permet aux chats de se préserver autant que possible, tout en s'assurant les meilleures chances de succès.

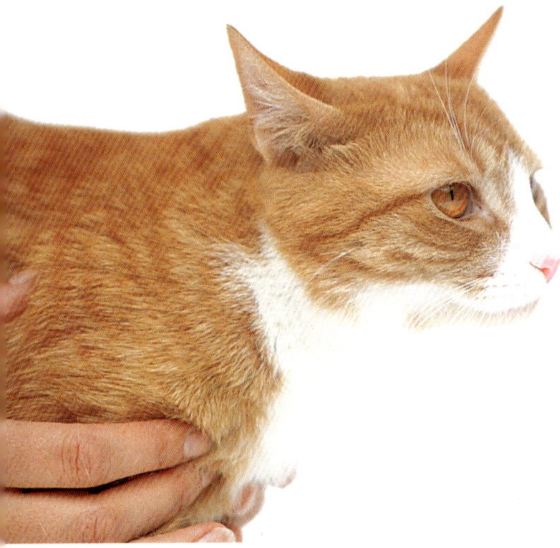

Mal à l'aise

Observer les expressions de votre chat peut vous renseigner sur son état d'esprit. L'appréhension ou l'inquiétude peuvent se lire sur son visage de félin. Si ses oreilles ont pivoté pour surveiller ce qui se passe derrière lui, et sont maintenues légèrement en arrière, c'est que quelque chose le tracasse. Celui-ci est tenu par quelqu'un qui entrave ses capacités de réaction. Il ne peut se sauver en cas de nécessité, ce qui accroît son malaise.

Entre deux extrêmes

Les chatons adoptent souvent des postures incohérentes. Celui-ci a aplati ses oreilles en arrière, ouvert grand les yeux et rabattu sa queue comme s'il devait faire face à une attaque. Mais il montre aussi d'autres signaux contradictoires : la patte joueuse sur la balle et l'arrière-train relevé, prêt à se lancer à la poursuite de l'objet.

LE SAVIEZ-VOUS ?

❑ *Ce sont les postures conjuguées de la queue, des oreilles, des yeux, des vibrisses et du corps qui nous renseignent sur l'état d'esprit d'un chat à un moment donné. L'observation distincte de chaque partie du corps peut traduire les différentes émotions par lesquelles passe l'animal, mais forme un ensemble qui peut être confus et difficile à interpréter.*

Combat rapproché

Le combat est souvent choisi en ultime recours, car le contact rapproché avec un opposant hostile et bien armé peut se révéler très dangereux. Ces deux chats se connaissent bien et sont simplement en train de jouer. Les coups sont portés griffes rentrées. C'est le chat brun qui a lancé les « hostilités », les oreilles bien en arrière pour les protéger, contraignant le noir et blanc à réagir. Ce dernier a roulé sur le flanc afin de pouvoir se servir de ses pattes avec plus d'efficacité. Ses oreilles sont également rabattues, à demi tournées vers l'arrière, traduisant l'agressivité qui est ici feinte.

Pas rassuré

Ce chat vient de faire une rencontre inquiétante et sa queue est maintenue sous le corps pour lui éviter des blessures. Il a dressé ses poils pour paraître plus gros et ceux-ci viennent à peine de reprendre leur position : le pelage du dos est toujours irrégulier. Son arrière-train est encore ramassé mais sa tête s'est relevée, tandis qu'il cherche un lieu en hauteur où sauter pour se mettre à l'abri.

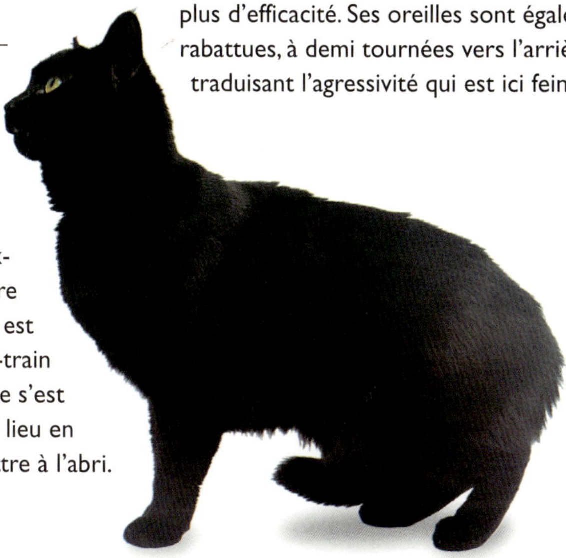

Le langage corporel de la peur

Les chats étant, par nature, des chasseurs solitaires, leurs signaux tendent à être plus discrets et moins démonstratifs que ceux des animaux qui vivent en meute. Ils ont néanmoins un langage corporel, notamment pour exprimer la peur.

Lorsqu'ils sont effrayés et dans l'impossibilité de se défendre activement, ils tentent de rendre les parties sensibles de leur corps aussi petites que possible, en se ramassant et en rabattant les oreilles, la queue et les vibrisses pour les protéger.

Je n'aime pas ça

Ce chat est inquiet et se ramasse pour protéger les parties sensibles de son corps. Il ramène la queue et les oreilles s'aplatissent pour réduire les risques de blessures en cas d'attaque. Les vibrisses sont plaquées. Les oreilles ont également pivoté, ce qui indique un animal sûr de lui, prêt à se défendre si nécessaire. D'ailleurs, il fixe, déterminé, son agresseur. Tout cela contribue à lui donner l'aspect d'un chat en colère et celui qui en est la cause serait bien avisé de battre en retraite.

Tout va bien… si, si !

Il est naturellement difficile de lire le langage corporel des chats mais, avec les persans, il existe une difficulté de plus liée à la structure de leur face qui rend les expressions moins décelables. Celui-ci semble inquiet, mais c'est l'impression qu'il donne même lorsqu'il est heureux. Ses oreilles dressées et ses pattes relativement étendues indiquent qu'il est plutôt serein et ne se sent pas menacé. Il est physiquement impossible pour les chats persans de rabattre leurs vibrisses contre la face ; elles n'offrent donc aucun indice utilisable.

Grosse détente

Ce chat détendu, photographié dans un moment de total bien-être, est présenté ici pour illustrer les différences avec un chat en phase de stress. L'animal est allongé sur le flanc, pattes étendues et non repliées sous le corps pour les protéger, et il semble n'avoir aucune intention de se sauver en courant dans la seconde. La face et les oreilles sont détendues et les vibrisses sont dans leur position naturelle, vers l'avant. La queue est étalée et relâchée, non ramenée sous le corps. Les chats n'ont pas de glandes sudoripares pour les aider à se rafraîchir et, par temps chaud, on les voit donc souvent adopter ce type de posture pour retrouver un peu de fraîcheur.

J'ai peur

Ici, les différences avec l'animal précédent sont flagrantes. Ce chat effrayé tente de se faire plus petit en se tassant au sol. La queue est rabattue sous le corps, hors d'atteinte, et les oreilles aplaties sur la tête. Les yeux semblent énormes, les paupières étant grandes ouvertes afin de laisser pénétrer le maximum d'informations visuelles concernant la menace. Les pupilles restent assez étroites à cause de la forte lumière qui éclaire la scène, mais elles se sont toutefois dilatées plus que d'ordinaire en réaction à la peur. C'est un chat qui, habituellement, miaule beaucoup dans ses rapports avec les humains, et il en fait autant ici pour tenter de se rassurer.

Quand le chat prend de la hauteur

Pour les chats agiles et athlétiques, le salut repose souvent dans la fuite vers le haut, là où la menace ne pourra pas suivre. Les félins peuvent sauter plusieurs fois leur hauteur sans élan ; il leur est donc facile de se mettre hors d'atteinte d'autres animaux ou des hommes qui, eux, en sont incapables. Une position surélevée leur offre en outre l'avantage de pouvoir griffer et blesser sévèrement tout ennemi qui tenterait de les attaquer par en dessous. De fait, se placer en hauteur est souvent la première chose qu'un chat cherche à faire s'il est en danger, et il y restera tant que la menace n'aura pas disparu.

Ici, rien ne m'atteint

Les murs et les clôtures représentent la sécurité, hors d'atteinte des humains et des chiens. L'agilité et l'extraordinaire sens de l'équilibre du chat lui permettent de courir avec aisance à leur sommet. Ce chat surveille les alentours depuis le haut d'un mur, d'où il peut anticiper ses futurs déplacements sans risque.

Dans la paix des cimes

Ce chat observe ce qui se passe au-dessous de lui. Les toits plats comme celui-ci offrent des postes d'observation idéaux, que seuls les autres chats peuvent atteindre facilement. Parfait pour les animaux timides et nerveux, qui ne redescendront que lorsque tout danger sera écarté !

Prudence

Les escaliers sont également des lieux où se réfugier lorsqu'on est inquiet. Ce chat a trouvé un bon emplacement d'où observer les visiteurs. S'ils se rapprochent de lui, il peut monter plus haut et trouver refuge dans les chambres du premier étage. S'ils restent à leur place, il les jauge ainsi tranquillement, pour ensuite estimer s'il peut, sans risque, descendre vers eux.

Le saviez-vous ?

❏ *Dans la maison, installer des étagères ou d'autres surfaces faciles à atteindre pour les chats offrira aux individus timides le moyen d'échapper aux autres animaux de compagnie du foyer et aux jeunes enfants qui peuvent les importuner.*

Par où m'échapper ?

Ce chat est inquiet. On le voit à son arrière-train abaissé, sa queue basse et sa posture rigide. Sa tête et la partie antérieure de son corps restent dressées, parce qu'il est à la recherche d'un endroit surélevé où sauter pour se mettre à l'abri.

Les chats et les arbres

Dans la nature, les arbres offrent des voies de fuite idéales en cas d'attaques par d'autres prédateurs terrestres. Les chats sont équipés de griffes crochues et acérées qui leur permettent de gravir les surfaces verticales irrégulières et la plupart grimpent aux arbres sans difficulté. Toutefois, les chatons et les chats inexpérimentés s'y réfugient parfois dans un moment de panique et se retrouvent coincés dans les branches, car ils n'ont pas encore appris à en redescendre. Ceux-là ont véritablement besoin d'aide, sinon l'issue risque de leur être fatale. Les individus expérimentés, quant à eux, s'y installent simplement dans l'attente que le danger passe. Ils peuvent ainsi attendre très longtemps et l'homme croit parfois qu'ils sont coincés, s'apercevant généralement trop tard que ce n'était pas le cas, lorsqu'arrivent les secours.

Que se passe-t-il en bas?

Les arbres offrent des refuges naturels et les chats sont parfaitement adaptés pour y grimper et circuler dans leurs branchages. Depuis son poste d'observation, ce chat surveille les dangers qui rodent au sol. Bien qu'il ne soit pas très haut, il est hors de portée des enfants et des chiens qui se trouvent dans le jardin au-dessous et il peut rester là tranquillement jusqu'à ce qu'ils soient partis.

L'art de la descente

Une fois qu'ils ont appris à maîtriser le mouvement, descendre des arbres est, pour les chats, aussi facile que d'y monter. Certains préfèrent le faire à reculons, l'arrière-train en avant, avec un curieux mouvement sauté comme le font les ours. Mais la descente tête la première apparaît plus élégante et efficace, à condition de ne pas partir de trop haut.

Équilibre précaire

La branche est étroite et peu sûre. C'est pourquoi ce chat se tasse et se sert de sa queue pour s'équilibrer. Il est en sécurité pour le moment, mais il garde les yeux grands ouverts sur tout danger qui menace.

Le saviez-vous ?

❏ *Les chats qui vivent dans les secteurs très urbanisés n'ont guère d'occasions de s'entraîner à grimper dans les arbres. S'ils sont contraints de rechercher un refuge en hauteur pour échapper à un danger, il se peut qu'ils aient ensuite besoin d'aide pour en redescendre.*

Plaisirs arboricoles

En sécurité dans l'arbre, le chat peut donner libre cours à son goût pour la chasse et l'exploration. Il se sert de sa queue comme d'un balancier pour s'équilibrer, et ses griffes qu'il plante dans l'écorce lui assurent une meilleure prise.

Immobiles et bien cachés

Les chats ont beau être des prédateurs formidablement armés, ils restent des animaux de petite taille et, pour eux, savoir se tenir hors des situations à risques est utile. En cas de menace, se dissimuler est une bonne stratégie. On peut ainsi échapper à la vue de l'agresseur, ou alors celui-ci hésitera à engager le combat si sa victime occupe un petit espace facile à défendre. La couleur de la robe des ancêtres de nos chats faisait office de camouflage parmi la végétation. De fait, rester immobile à couvert devait être pour eux une bonne stratégie, pourvu qu'ils fussent sous le vent des grands prédateurs qui passaient. Aujourd'hui encore, les chats domestiques s'immobilisent souvent lorsqu'ils se sentent acculés. C'est aussi l'une de leurs tactiques favorites à l'intérieur lorsqu'ils doivent faire face à l'hostilité des autres chats du foyer. Cela peut compromettre leur bien-être en les empêchant d'accéder aux ressources essentielles, mais passe souvent inaperçu aux yeux des maîtres.

LE SAVIEZ-VOUS ?

❑ *Il semble que les chats partent du principe que s'ils ne peuvent vous voir, vous ne les verrez pas non plus. S'ils ne parviennent pas à se mettre totalement hors de vue, ils se cachent souvent les yeux et restent parfaitement immobiles.*

Pour vivre heureux...

Les petits espaces peu éclairés attirent les chats qui cherchent à se dissimuler. Cette couche igloo n'offre guère de réelle protection, mais pour ce chat timide et peu confiant dans les êtres humains qui l'entourent, c'est toujours mieux que rien. En fermant les yeux et en enfouissant sa tête, il devient presque invisible.

Visible mais protégé

Les chats se sentent à l'abri sous les autos, mais, pour cette raison, beaucoup se font écraser chaque année. Sous les véhicules, ils sont hors d'atteinte des chiens qui, bien moins souples qu'eux, ne peuvent s'y glisser, et des enfants qui, généralement, cessent de les poursuivre lorsqu'ils ne les voient plus. Et ce ne sont pas les cachettes de ce genre qui manquent, même s'il faut parfois savoir changer de tactique en toute hâte.

L'antre du chasseur

Plus que pour se protéger, ce chat utilise vraisemblablement cette souche comme couvert pour une embuscade. Il est tapi dans une posture de chasseur, les oreilles dressées et tous ses sens fixés sur quelque chose de précis. Les oreilles et les vibrisses tournées vers l'avant indiquent qu'il n'est en rien inquiété, de même que les pupilles de ses yeux, très contractées sous l'effet de la lumière du jour.

L'agression

Les chats sont armés de griffes et de dents susceptibles d'infliger de sérieuses blessures. En cas de danger, ils peuvent choisir l'agression pour se défendre, mais généralement en dernier ressort, lorsque toutes les autres stratégies ont échoué. Avant d'en arriver à cette extrémité, il leur faut évaluer leurs chances de succès. Si l'agression se révélait sans effet, si leur rival ne reculait pas devant l'attaque et s'ils en venaient à perdre la partie, ils risqueraient d'être blessés, voire tués. La plupart des chats essaient donc d'abord toute une série de tactiques pour se sortir du mauvais pas. Celles-ci varient en fonction de leur expérience et de la situation. Il faut qu'elles aient toutes échoué ou que le danger survienne par surprise pour qu'ils se résolvent au combat.

Arrière !

Ce chat ne souhaite pas en arriver au combat et souffle violemment et bruyamment pour faire reculer son adversaire. Il se ramasse et ramène la queue sous le corps au cas où l'avertissement serait sans effet. Son expression fait écho à la posture agressive adoptée. Les oreilles et les vibrisses sont tournées vers l'avant pour appuyer le souffle. Toutefois, sa posture et son port de tête montrent qu'il n'est pas totalement engagé dans l'agression, espérant que l'ennemi reculera.

Ne me cherche pas

Ce chat est très en colère et tente de se faire aussi gros que possible pour impressionner son adversaire et le faire reculer. Il le fixe, oreilles dressées, et souffle bruyamment. Ses poils se sont relevés et il arrondit le dos afin de donner l'impression d'augmenter de volume. Afin de tirer au mieux parti de cette posture, les chats se tournent généralement de côté vers l'agresseur pour se montrer dans leur plus grande largeur.

LE SAVIEZ-VOUS ?

❑ *Les comportements d'agression sont essentiellement faits pour éviter les combats plutôt que pour les provoquer. Les différents signaux et sons émis, ainsi que les postures adoptées, sont des démonstrations qui ont généralement pour but de montrer sa force afin de ne pas avoir à s'en servir.*

Ne viens pas plus près

Comme le chien n'avance pas, le chat ci-dessus peut réagir avec mesure à la menace et fait des mouvements lents pour éviter de déclencher une attaque soudaine. Il s'est dressé à partir d'une position de repos et arrondit le dos pour paraître plus gros. Ses poils commencent à se relever et sa queue est tenue basse. Il est prêt à souffler ou cracher en signe d'avertissement au cas où le chien déciderait d'approcher.

Laisse-moi tranquille

Le chat de couleur sable n'est en rien impressionné par l'approche de l'autre et a tourné la tête pour le fixer en pivotant les oreilles, de sorte que leur partie arrière soit visible de face. Les oreilles signalent qu'il peut devenir agressif si on l'y pousse et qu'il serait sage pour l'autre de reculer, comme ce dernier semble le comprendre. Le chat sable est très confiant dans sa capacité à régler le problème et ne montre aucune posture défensive trahissant la crainte.

Le combat

Les chats évitent le combat jusqu'à ce qu'ils n'aient plus le choix. Il constitue parfois la seule façon de régler un différend à propos d'un territoire ou d'une partenaire sexuelle. Dans la mesure où bien des chats domestiques sont aujourd'hui stérilisés, les combats entre mâles entiers sont beaucoup plus rares que dans une population sauvage. Toutefois, si les occasions de se battre sont moins fréquentes, les chats aiment engager des jeux de lutte, entre eux ou aux dépens de l'homme, jeux que les chatons notamment pratiquent très tôt.

Le saviez-vous ?

- *Les vrais combats sont rares et brefs.*
- *De sérieuses blessures sont souvent infligées au cours des vrais combats.*
- *Durant le combat, les griffes et les dents sont réellement utilisées.*
- *L'agressé roule souvent au sol afin de pouvoir se servir des griffes de ses quatre pattes contre son agresseur.*

Jeux de garnements

Pour deux opposants de force égale, se dresser sur ses pattes postérieures offre la possibilité de renverser l'adversaire et de pouvoir, ensuite, lui sauter dessus. Dressé sur son puissant arrière-train et utilisant le poids de son corps, chacun essaie de déséquilibrer l'autre, tandis qu'il le griffe et le mord autour des oreilles et du cou. Ici, le chaton gris a un léger avantage de taille, mais le chaton fauve a assez de confiance en lui, queue dressée et oreilles pivotées, pour faire front à cette agression simulée.

Effet de surprise

Le chaton fauve, dans une position surélevée, vient de mettre un coup de patte sur le dos de son adversaire. Ce dernier, surpris, réagit par un bond dans les airs ; un geste réflexe défensif susceptible de désorienter un prédateur un bref instant, qui sera suffisant pour lui permettre de fuir.

Corps à corps

Ces chatons se livrent à un jeu de lutte qui leur sera peut-être utile plus tard. Des chats adultes ne se mettraient pas dans une position si vulnérable. Ils s'affronteraient face contre face afin de protéger les parties vulnérables de leur corps. Les corps à corps entre chats adultes sont généralement de courte durée, car il est potentiellement très dangereux de se trouver si près d'un adversaire qui tente de griffer et de mordre dans le but de blesser réellement.

Tiens, prend ça !

Les coups de pattes sont beaucoup moins dangereux que les corps à corps, surtout lorsque le corps est protégé, comme ici. C'est d'ailleurs ainsi que débute normalement toute action défensive et les chats peuvent rouler sur le flanc pour libérer les deux pattes antérieures. Cela suffit souvent à décourager l'agresseur. Dans le cas inverse, l'affrontement s'envenimera, chacun tentant d'infliger à l'autre le plus de dommages possible.

Rencontres félines

Si le langage corporel des chats est assez peu démonstratif et leurs signaux subtils, il est toutefois possible, en observant une rencontre entre deux d'entre eux, de comprendre assez bien ce qu'ils font et ce qu'ils peuvent ressentir à un moment donné. Les chats préfèrent ne pas trop s'approcher l'un de l'autre, mais cela est parfois inévitable ; par exemple, lorsque deux félins qui ne se connaissent pas se retrouvent subitement confrontés l'un à l'autre dans le même foyer. La façon dont se passe leur mise en contact vous en apprendra beaucoup sur leurs caractères respectifs, et vous permettra de prédire s'ils finiront par bien s'entendre ou si leurs personnalités sont réellement incompatibles.

Contact

Le chat tigré se trouve trop près du chat de couleur sable et cherche en hauteur un éventuel endroit où se mettre en retrait. Il est un peu inquiet, comme le montre sa queue rabattue contre le corps, mais suffisamment en confiance pour s'approcher afin de mener ses investigations. L'autre chat n'a pas encore réagi à sa présence.

Reste où tu es !

Le chat sable se retourne pour fixer l'autre dans les yeux en guise d'avertissement, les oreilles pivotant en position défensive et le poil dressé sur le cou. Il a également changé de position pour pouvoir donner un coup de patte si nécessaire. Cela provoque une forte réaction chez le tigré, désormais face à face avec cet individu inconnu. Il répond par un souffle d'avertissement puissant.

Gare à moi

Le chat sable paraît légèrement surpris par cette attitude et maintient son regard fixe dans les yeux de l'autre, faisant pivoter ses oreilles dans une position maintenant agressive. Il lève une patte antérieure, prêt à frapper si nécessaire. Voyant cela et réalisant qu'il est tout proche d'un chat prêt à l'agression, le tigré plaque les oreilles, les vibrisses et la queue pour les protéger et détourne son regard pour ne pas envenimer la situation. Il lève aussi une patte au cas où il devrait faire front à l'attaque. Les deux ont une posture en retrait afin de mettre de la distance entre eux.

Regardons ailleurs

Le chat tigré tente de désamorcer le conflit en tournant délibérément la tête, signalant clairement qu'il s'apprête à battre lentement en retraite. Toutefois, il reste en alerte, les oreilles dressées et les yeux en coin sur l'adversaire, au cas où ce dernier attaquerait et où il devrait changer subitement de stratégie.

Nouvelle génération

La pulsion reproductrice est très marquée chez les chats non stérilisés. Si l'homme n'intervient pas, une femelle en bonne santé ayant accès à des mâles et à une bonne alimentation peut produire deux à trois portées par an. Pour cette raison, et parce que les mâles entiers laissent des odeurs fortes et se battent souvent, la majorité des chats domestiques sont stérilisés. Ainsi, les maîtres évitent les réels désagréments et les comportements indésirables associés à la recherche d'un partenaire sexuel. Faire stériliser son chat est par ailleurs une façon de s'assurer qu'il ne contribuera pas à grossir les rangs des animaux sans foyer qui attendent des maîtres ou traînent à l'état semi-sauvage.

En recherche

Il est important pour les chattes gestantes comme celle-ci de bien connaître leur territoire afin de trouver un endroit sûr où mettre bas, élever leurs petits, et de disposer d'une nourriture abondante durant le temps où leur organisme va être mis à forte contribution. Si une mère pressent qu'un endroit donné n'est pas assez sûr pour ses petits, elle les déplacera, d'où l'intérêt pour elle de connaître également à l'avance les possibilités qui s'offrent.

Le saviez-vous ?

- *Le territoire d'une femelle de chat sauvage est déterminé par la disponibilité de la nourriture qu'elle y trouve. Il doit lui en fournir assez pour elle et ses petits.*
- *Le territoire d'un chat sauvage mâle est considérablement plus vaste (jusqu'à 3,5 fois plus grand) en période de reproduction et sera déterminé par le nombre de partenaires femelles potentielles qu'il pourra y trouver.*

Libre-service

Une portée de chatons en bonne santé réclame beaucoup d'énergie. Cette chatte domestique est heureuse et bien nourrie et n'a pas de difficultés à la fournir. Les femelles de chats sauvages ne laissent pas leurs petits seuls durant les quelques jours qui suivent leur naissance, et doivent avoir accumulé des réserves de graisse suffisantes pour alimenter les besoins de leur organisme et ceux de leurs petits. Le territoire doit pouvoir leur fournir assez de nourriture lorsqu'ils seront en âge de quitter la tanière.

Comme je suis beau !

Les chats de race comme ce chinchilla ont été « créés » par l'homme par un contrôle rigoureux des accouplements pendant des générations. Cela produit généralement des animaux superbes. Toutefois, si les éleveurs ne prennent pas soin de sélectionner le tempérament de leurs reproducteurs, ainsi que des individus de belle allure et en bonne santé, les chats de race peuvent être porteurs de défauts génétiques entraînant des problèmes de comportement et de santé.

Les mâles reproducteurs

Un chat mâle entier et en pleine maturité passe une grande partie de son temps à chercher à s'assurer une descendance. Il lui faut pour cela défendre son territoire, relever le défi de la compétition avec ses rivaux et courtiser les femelles. Tout cela demande beaucoup d'énergie et les intéressés ont souvent un aspect amaigri et un poil abîmé, portant des cicatrices et abcès nombreux rapportés de leurs combats. L'odorat joue un rôle important dans les rencontres entre partenaires qui, ordinairement, vivent assez solitaires, notamment si leurs territoires sont vastes. L'urine des mâles a une odeur particulièrement forte, afin de laisser des marquages très durables à l'adresse des autres mâles.

Le saviez-vous ?

❑ *L'organe de Jacobson, situé dans le palais, à l'intérieur de la gueule des chats, leur permet de «goûter» les odeurs. Pour s'en servir, ils entrouvrent la gueule et font une sorte de grimace en aspirant l'odeur. Les chats l'utilisent en particulier pour analyser, à travers les messages olfactifs laissés, le statut reproducteur de leurs congénères.*

Territoire restreint

Dans la nature, un mâle comme celui-ci passerait son temps à parcourir un vaste territoire. Mais les reproducteurs de race sont maintenus confinés afin d'éviter qu'ils ne contractent des infections auprès des autres chats et ne risquent de se battre. Bien qu'ils n'aient jamais connu la liberté, ils sont frustrés de leurs désirs naturels et il est préférable de les faire châtrer une fois leur carrière de reproducteurs achevée.

Elle est passée par là

Les mâles reproducteurs passent beaucoup de temps à étudier les odeurs laissées par les autres chats afin de savoir où sont leurs rivaux et les femelles disponibles. Ils doivent marquer leur territoire pour empêcher les autres mâles de s'y installer. C'est pourquoi leur urine acquiert une odeur très forte dès qu'ils atteignent leur maturité sexuelle. Ils la déposent fréquemment sur toutes sortes d'objets proéminents. Cette odeur caractéristique et désagréable est l'une des raisons pour lesquelles bien des chats mâles sont stérilisés.

Sérieuse altercation

Les combats pour le territoire et les femelles qui s'y trouvent font partie de la vie de tout mâle reproducteur, et les intéressés y récoltent souvent de multiples griffures, morsures et cicatrices. Ici, l'agressé roule sur le dos afin de pouvoir utiliser les griffes de ses quatre pattes pour se défendre, et il frappe son agresseur à la face.

Une phase très bruyante, durant laquelle les deux opposants se défient par des postures et des cris, prélude généralement au combat lui-même. Si tous deux montrent la même détermination et qu'aucun ne recule, la lutte sera rapide et furieuse, chacun tentant d'infliger à l'autre le plus de dommages possible.

L'accouplement et ses préludes

La parade nuptiale est un moment bruyant où plusieurs mâles essaient de s'accoupler avec une femelle en chaleur. Celle-ci attire beaucoup de prétendants, mais généralement un seul d'entre eux est capable de tenir tous les autres à distance. Lorsque la femelle devient réceptive, les accouplements interviennent très fréquemment, entre dix et vingt fois par jour pendant six jours ! Seuls les mâles les plus résistants peuvent soutenir un tel rythme, ce qui explique que les jeunes d'une même portée aient parfois plusieurs pères. Cela permet non seulement d'optimiser les chances de conception, mais aussi de diversifier les caractères des petits pour augmenter leurs chances de succès.

Amitié féline

Voici un comportement d'amitié envers l'homme. La chatte a relevé la queue, anticipant une caresse. Les femelles en chaleur adoptent une posture similaire à celle-ci, mais avec les membres postérieurs pliés afin de permettre l'accouplement. Elles l'accompagnent également de poses lascives, au cours desquelles elles se roulent, s'étirent et ronronnent. Durant les quelques premiers jours de leurs chaleurs, les chattes se frottent et urinent plus fréquemment en des endroits très divers pour attirer un partenaire.

Le saviez-vous ?

- *La longueur du jour et les disponibilités alimentaires déterminent l'époque des chaleurs.*
- *Les chats qui vivent à l'état sauvage font généralement leurs chatons au printemps, en période d'abondance alimentaire.*
- *Les chattes domestiques qui jouissent de sources alimentaires illimitées peuvent produire deux à trois portées par an si elles ne sont pas stérilisées.*

Ça finit mal

L'accouplement terminé, le mâle se retire et des barbillons à l'extrémité de son pénis provoquent une douleur dans le vagin de la femelle, qui a une réaction d'autodéfense. Ces barbillons, qui peuvent sembler une erreur de la nature, sont en fait nécessaires pour stimuler l'ovulation de la femelle. Cette dernière s'est retournée pour souffler et cracher après le mâle, les oreilles pivotées sous la colère. Ce dernier s'est détourné et ferme les yeux pour parer un éventuel coup de griffes.

Séparation

Le mâle s'éloigne aussi vite qu'il le peut au cas où sa partenaire frapperait. Les signes contradictoires de la queue relevée en signe d'accueil et la position agressive de ses oreilles indiquent qu'il est désorienté par la réaction de la femelle et s'interroge sur la nature de l'attitude à adopter. Cette dernière est déjà en train de récupérer et va bientôt entamer une toilette pour se préparer au prochain accouplement.

Les chatons

Une fois l'accouplement effectué, le mâle n'a plus d'autres rôles que de défendre le territoire où ses femelles élèvent leurs petits contre les autres mâles en maraude qui pourraient tuer les chatons. Les chattes mettent bas et élèvent leurs petits en répondant à des schémas comportementaux instinctifs, qui leur permettent d'y parvenir sans aucune aide. Toutefois, dans une colonie sauvage, d'autres femelles peuvent aider et jouer les « sages-femmes », ou les « assistantes maternelles » lorsque la mère va faire une pause. Cette coopération assure une protection et des chances de survie meilleures pour les petits.

Instinct maternel

Cette chatte n'a pas vu son petit depuis un certain temps, mais elle le reconnaît immédiatement à son odeur. Sa présence déclenche chez elle un réflexe de toilettage de la langue. Lorsqu'il n'était qu'un chaton, cette action lui permettait de rester propre et d'éloigner les bactéries susceptibles de provoquer des maladies.

Hygiène féline

Tant que les chatons sont trop petits pour aller faire eux-mêmes leurs besoins, leur mère les lèche fréquemment pour stimuler leur défécation et consomme leurs matières fécales afin de tenir la tanière propre. Toutefois, ceux que l'on voit sur la photo ci-dessous sont maintenant assez grands pour se passer de son aide et, pourvu qu'ils disposent à proximité d'un terrain facile à creuser, ils savent déjà enterrer leurs rejets.

LE SAVIEZ-VOUS ?

- *Les chatons se laissent pendre mollement quand ils sont saisis par la peau derrière le cou. C'est ainsi que leur mère les porte si elle est obligée de changer de tanière.*
- *La mère emporte ses petits vers une autre tanière si elle ne se sent pas en sécurité ou si la tanière devient sale.*

Laissez m'en un peu !

Les chatons consomment le lait de leur mère durant les cinq à six premières semaines de leur vie, jusqu'à ce que la femelle commence à leur rapporter des proies ou que leur vie de « compagnons de l'homme » les fixe sur d'autres aliments solides. Dans la nature, des proies entières sont rapportées à la tanière, soit mortes, soit seulement blessées, pour que les petits puissent affûter sur elles leurs talents de futurs prédateurs.

À la toilette

Un rôle essentiel pour la mère est d'assurer l'hygiène des petits, qui pourraient sinon mourir de maladie. Leur nettoyer la face après le repas est particulièrement important tant qu'ils n'ont pas assimilé le processus complexe de la toilette de cette partie du corps avec leurs pattes. Ce chaton apprécie le traitement et rabat les oreilles pour le faciliter.

Le chat et l'homme

Entre les humains et les chats, la relation est ancienne et a évolué au fil du temps. Ces animaux ont été tour à tour déifiés et vilipendés par l'homme, utilisés comme chasseurs ou toilettés et médaillés dans des concours. La plupart, de nos jours, sont gardés comme animaux de compagnie, malgré leur caractère autonome. Peut-être est-ce ce côté sauvage et indépendant chez un animal capable de donner tant d'affection qui nous attire le plus chez ces petits félins ?

On est bien, ici

Les chats bien socialisés et bien traités sont heureux et remplissent pleinement leur rôle de compagnons, voire parfois de substituts aux enfants. La plupart, appréciant leur relation avec l'homme et aimant retourner caresses et affection, s'adaptent bien au mode de vie humain. Leur aspect le plus séduisant est sans doute leur indépendance ; capables de s'assumer seuls, ils sont moins contraignants que les chiens, qui doivent être accompagnés régulièrement, que ce soit pour prendre de l'exercice ou aller faire leurs besoins.

C'est pour moi ?

Face à l'enfant qui lui tend une friandise, ce jeune chat affiche le comportement d'accueil, queue dressée. Des rencontres plaisantes et répétées bâtissent les liens étroits. En grandissant, l'animal apprendra à discerner en qui il peut avoir confiance et qui il faut éviter. Ceux qui lui apportent abri, jeu et nourriture seront appréciés.

LE SAVIEZ-VOUS ?

❑ *Au regard de la loi française, les chats, comme tous les autres animaux domestiques, sont considérés comme la propriété de leurs maîtres et ces derniers sont tenus pour responsables des dommages que leur chat pourrait causer sur les biens d'autrui ou sur les personnes.*

Trop c'est trop !

Les chats à poil long et touffu demandent beaucoup d'entretien et celui-ci, qui s'apprête à être présenté en concours, nécessite beaucoup de préparation supplémentaire. Dans l'univers des concours de chats de race, les besoins des animaux au niveau du comportement passent au second plan. Le jour du concours, ils sont emmenés dans des lieux inconnus, manipulés par de parfaits étrangers, toilettés et aspergés de produits qui modifient leurs odeurs normales, et maintenus dans de petites cages. Pour supporter cela, les chats doivent y être habitués dès leur plus jeune âge.

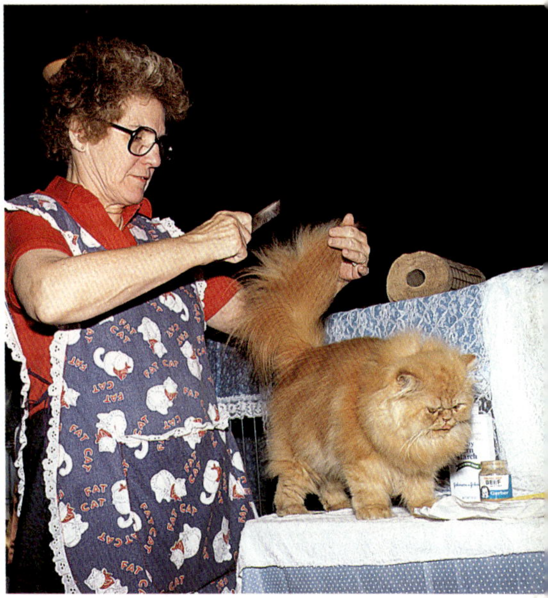

Trop près de toi

Ce chat n'apprécie pas d'être tenu si serré par quelqu'un qu'il ne connaît pas. Il ne montre pas pour autant de comportement agressif, mais tente de s'éloigner du visage du jeune homme et semble mal à l'aise. Les tentatives pour vous attirer les faveurs du chat en le saisissant et le tenant ainsi contre vous, à des moments où il n'est pas prêt à rester à votre contact, risquent de se solder par un échec et d'inciter l'animal à garder ses distances à l'avenir.

Dans les yeux du chat

Comparés à l'homme, les chats sont relativement petits. Quoique bien armés de dents et de griffes acérées, il est bon pour eux de se méfier des individus de notre taille, tant qu'ils n'ont pas la certitude que nous sommes sans danger. Les chats mal socialisés ou qui ont été maltraités cherchent à se tenir loin des bras de l'homme. En langage félin, l'un des premiers signes d'interaction avec l'autre est le regard direct ; pour un chat par nature peu confiant envers l'homme, il est synonyme de recul. Les chats, en effet, se fixent dans les yeux pour se menacer mutuellement et un regard insistant et prolongé peut provoquer chez tous ces animaux, confiants ou non, l'inquiétude et la fuite.

Tu as l'air sympa !

Cette personne ne regarde pas l'animal qui la sollicite et ce dernier n'a donc pas à avoir peur d'elle. Les gens qui n'aiment pas les chats ont souvent l'impression que c'est précisément sur eux que ces animaux viennent s'asseoir lorsqu'ils sont en visite dans une maison où ils sont présents. C'est leur absence de regard vers les félins qui confortent ceux-ci à s'approcher, tandis que les personnes qui les aiment les tiennent involontairement à distance par leurs regards répétés.

LE SAVIEZ-VOUS ?

- *Les chats cillent des yeux et ferment à demi les paupières lorsqu'ils croisent accidentellement un regard.*
- *Pour créer le contact avec un chat non familier, clignez des paupières et regardez ailleurs quand vous croisez son regard.*

Ne me fixe pas comme ça

Même les chats qui connaissent bien leur maître et ont confiance en lui n'apprécient pas que celui-ci les fixe dans les yeux. S'ils s'habituent à notre regard, cela les met mal à l'aise lorsqu'il devient insistant et ils préfèrent détourner la tête pour apaiser la tension que cela crée en eux. Ils peuvent aussi fermer les yeux ; ce qu'ils font souvent lorsqu'ils ne ressentent pas de menace justifiant la fuite, considérant peut-être alors que s'ils ne peuvent pas vous voir, vous ne les verrez pas non plus.

Es-tu sans danger ?

Ces deux-là viennent juste de se rencontrer. Le chaton est surpris par le garçonnet qui s'accroupit et le regarde droit dans les yeux ; il s'est arrêté, la patte en suspend, se demandant quelle suite donner.
En réalité, c'est un animal déjà bien socialisé, notamment avec les enfants, qui n'est pas intimidé par l'attitude de celui-ci. Mais un regard insistant, comme celui du jeune garçon, suffit à l'interpeller et le pousse à s'enquérir des intentions du petit homme avant de s'engager plus avant dans le comportement d'accueil.

L'art de la caresse

La plupart des chats domestiques sont habitués à nos caresses et les apprécient, à condition d'éviter certaines zones où ils n'aiment pas qu'on les touche. Et dans la mesure où ils sont équipés de dents et de griffes acérées, il est bon de connaître les règles à respecter.

En particulier s'il s'agit de chats qui ont été maltraités dans leur jeunesse et mal socialisés, il est préférable de limiter les caresses aux parties sans risque du dos, des flancs et de la queue, en évitant la tête, les organes des sens, le ventre sensible, et les pattes délicates.

Caresses dangereuses

Ce chat adore les attentions qu'on lui prodigue et, sous leur effet, il laboure la moquette de ses griffes et ronronne. Il s'est couché sur le côté afin d'être plus à l'aise et semble plutôt détendu. Mais la localisation de cette caresse est dangereuse car elle touche à la partie très vulnérable du ventre. C'est un chat très tolérant et s'il s'agissait de son maître, en qui il a toute confiance, il apprécierait probablement que la séance se prolonge.

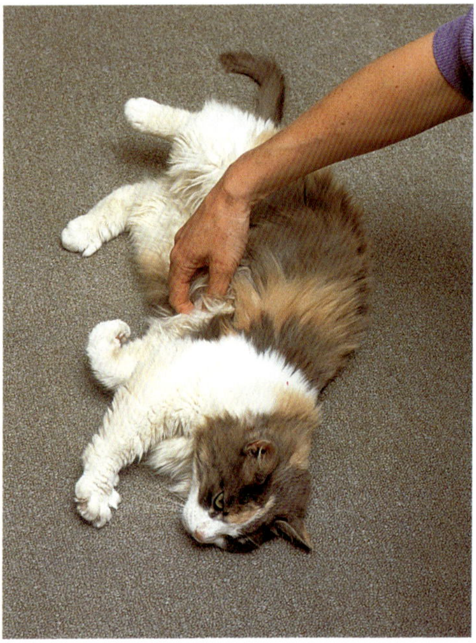

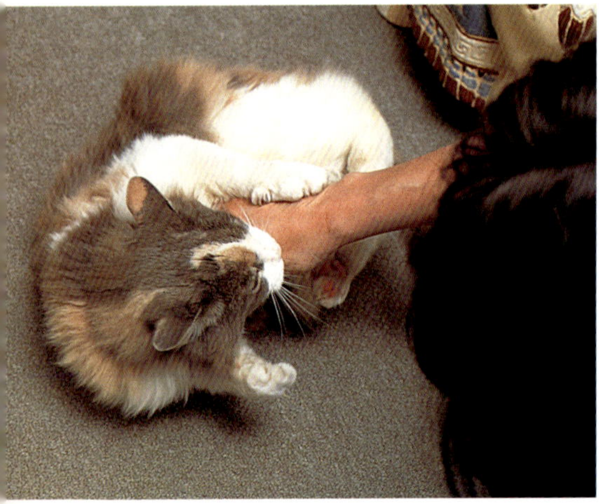

Zone interdite

Mais ce n'est pas le cas. L'attouchement au ventre déclenche une série de griffures et de morsures visant à éloigner la main. Étant toutefois très habitué au contact humain, la réaction de l'animal est très inhibée. Certains chats, quant à eux, semblent pris de panique lorsque l'on aborde cette zone ; ils griffent et cherchent à se débarrasser de « l'assaillant » par une réaction violente. À moins de bien connaître l'animal, il est donc préférable d'éviter ces parties sensibles.

LE SAVIEZ-VOUS ?

- *Plus un chat aura été bien traité durant ses premières semaines de vie, plus il sera amical envers l'homme.*
- *Un chaton qui a connu au moins quatre personnes différentes s'occupant de lui durant ses premières semaines de vie sera détendu et amical avec la plupart des représentants du genre humain.*

Bien placée

La partie située entre la nuque et la base de la queue est une zone sûre pour caresser un chat. On ne trouve rien de sensible dans cette région et la plupart des félins domestiques y tolèrent bien la main humaine. Ils peuvent même, s'ils vous apprécient, vous inviter à leur toucher la tête par des frottements contre vos mains. La caresse le long de la queue est aussi généralement bien acceptée.

Ça aussi, c'est agréable

Ce chat frotte les glandes cutanées de la base de sa queue contre la main qui le caresse. Les chats adorent cela et semblent apprécier toute action permettant de disperser leur odeur sur leur compagnon. Certains, toutefois, ont pu se faire tirer la queue dans le passé et, quand on ne connaît pas un animal, il est préférable d'éviter de toucher l'extrémité de son appendice caudal.

Les chats et le dressage

Les chats sont capables d'apprendre vite. Certains comportements qui se soldent par l'obtention d'une récompense, telle qu'une friandise ou une porte que l'on ouvre, peuvent devenir des signaux que ces animaux utiliseront chaque fois qu'ils voudront quelque chose. Il est donc possible de les dresser, mais ils ne s'y prêteront que si l'on utilise des récompenses appréciées, abondantes et variées. Se désintéresser ou dire « non », comme avec les chiens, ne marche jamais avec les chats qui, face à de telles tactiques, s'irritent et deviennent craintifs.

Donnez-moi à manger

Ce chat a développé un signal particulier pour faire comprendre à ses maîtres qu'il veut manger. Il se dresse sur ses pattes postérieures et tente d'atteindre le plan de travail pour attirer l'attention de ses propriétaires. Sans doute a-t-il essayé cela un jour où ils tardaient à le nourrir et, ayant obtenu satisfaction, il réutilise ce comportement depuis.

LE SAVIEZ-VOUS ?

- *Toute action qui est récompensée par l'homme ou qui trouve naturellement sa récompense est susceptible d'être répétée.*
- *Toute action qui est ignorée ou ne comporte pas de récompense intrinsèque se produira de moins en moins souvent.*

J'arrive !

Enseigner à un chat à venir à l'appel est facile et utile. Celui-ci a appris que l'appel de sa maîtresse était associé à l'obtention de nourriture et vient vers elle, la queue dressée en signe d'amitié, lorsqu'il entend son nom. Cela permet de le faire rentrer facilement le soir pour ne pas qu'il passe la nuit dehors, aux heures où les risques de se faire percuter par une voiture sont grands.

Comment...

Ce chaton a un peu faim et il est attiré par une friandise qu'on lui présente. Tandis qu'il se concentre sur la récompense, celle-ci est levée de plus en plus haut de façon à l'obliger à reporter son poids sur son arrière-train.

lui apprendre...

La friandise s'élevant de plus en plus haut, il est obligé d'abaisser son arrière-train s'il veut la garder en vue. Sa queue est maintenue raide pour conserver l'équilibre et il lève légèrement la patte dans le but d'attirer la récompense à lui.

à s'asseoir

L'animal finit pas s'asseoir et, à peine s'est-il posé au sol qu'il reçoit la friandise. Après plusieurs séances comme celle-ci, il commencera à comprendre qu'il doit s'asseoir pour recevoir sa nourriture. Il est possible d'y associer un signal vocal ou gestuel pour qu'il finisse par s'asseoir sur commande.

Jeux et jouets

Jouer avec son chat est un instant de plaisir pour l'homme et l'animal. On trouve dans le commerce toutes sortes de jouets. Destinés à être des proies de substitution, ils excitent les instincts chasseurs de l'animal et le rendent actif et joueur. Les chats jouent spontanément dans leur jeunesse et, s'ils apprennent à s'amuser avec des jouets durant cette période de leur vie, il est vraisemblable qu'ils continueront à l'âge adulte. Faire bouger l'objet comme une proie rendra le jeu plus amusant pour le chat et plus intéressant pour vous.

La tentation du chasseur

Ce chaton est attiré par ce jouet qui roule et approche une patte pour le frapper. Ses sens sont focalisés sur l'objet et il relève la queue pour s'équilibrer. De petites balles légères comme celle-ci sont d'excellents jouets, que l'on peut faire rebondir vivement sous le nez de l'animal et qui constituent des cibles très attractives.

Ratés et réussites

Ce jouet, qui évoque un oiseau qui volette, est bien tentant pour ce chaton. Il lève une patte pour le ramener au sol mais la fillette le maintient juste hors de sa portée. Il peut devenir très frustrant pour l'animal de ne jamais parvenir à attraper l'objet. Il faut lui laisser le saisir et le mordre de temps à autre, comme il le ferait avec une vraie proie. Le jeu sera alors pleinement satisfaisant.

Chat rapporteur

Si un chat est joueur et que l'on commence son apprentissage très jeune, il est possible de lui faire rapporter un jouet. Ce n'est certes pas facile et il faut dispenser les encouragements exactement au bon moment, mais les chatons saisissent vite l'idée. Cela rend les parties plus amusantes pour le maître, et le chat en tire plus d'occasions de se lancer dans des poursuites, renforçant ainsi le lien entre l'animal et l'homme.

Trop vieux pour ça

Ce chat est âgé et fatigué. Il a joué un petit moment et a besoin maintenant de se reposer, même si la tentation subsiste. À mesure que les chats vieillissent leur assiduité au jeu et à la chasse diminue lentement, jusqu'à ce qu'ils finissent par passer le plus clair de leurs journées à sommeiller.

Le saviez-vous ?

- *Dissimuler un jouet en le faisant remuer à moitié caché incitera la plupart des chats à se lancer dans le jeu.*
- *Des mouvements horizontaux rapides en zigzag sous le nez du chat sont plus susceptibles de déclencher une poursuite que des mouvements verticaux de bas en haut.*
- *Des jouets aux mouvements très rapides ou aléatoires, entrecoupés d'instants d'immobilité, ont plus de chance de déclencher un comportement de chasse chez le chat.*

Index

Remerciements

Je voudrais ici remercier toutes les personnes qui m'ont tant appris sur le comportement des chats, parmi lesquelles Sarah Heath, qui m'a fait si généreusement profiter de son savoir et qui a grandement contribué à améliorer cet ouvrage par les commentaires apportés au manuscrit. Ces remerciements s'adressent également à d'autres scientifiques et comportementalistes, tels John Bradshaw, Sandra McKune, Peter Neville et Dennis Turner, qui ont également partagé leurs connaissances et ont rendu ce livre possible.

Je souhaite aussi remercier Laura Borromeo, qui effectue un merveilleux travail de protection des chats abandonnés en Italie, pour son savoir, ses commentaires détaillés sur le manuscrit et son amitié. Ma gratitude s'adresse encore à Ryan Neile, comportementaliste prometteur, qui a bien voulu, lui aussi, relire le manuscrit de cet ouvrage et dont les remarques et l'enthousiasme ont été précieux.

Je ne saurais oublier Georgina Parker et Ryan Neile (encore lui), qui ont choisi et manipulé avec tant de soins les chats pour la réalisation des photographies, ni Steve Gorton, qui a réalisé de si remarquables prises de vue, dans des conditions où, bien souvent, il n'avait pas le droit à l'erreur. Je suis redevable également à toutes les personnes qui nous ont prêté leurs adorables chats et à la Blue Cross anglaise, qui nous a autorisés à photographier bon nombre des animaux qui attendent encore des maîtres dans ses établissements.

Enfin, ma gratitude va au personnel des éditions Hamlyn, qui nous a permis de réaliser ce livre, en particulier Sharon Ashman, Rozelle Bentheim et Julian Brown, pour leur aide et leurs encouragements.

Gwen Bailey

Crédits photographiques

Ardea 31 haut/Francoise Gohier 85 haut

Getty Stone/Paul Souders 87 bas

Getty Telegraph/Arthur Tilley 87 haut/Maria Spann 84 haut

Octopus Publishing Group Limited /Jane Burton 57 haut, 82 bas, 84 bas, 93 haut

Warren Photographic/Jane Burton 2, 76, 77 haut, 79 bas, 81 haut, 81 bas, 83 haut, 83 bas, 85 bas, 92 bas

Toutes autres photographies **Octopus Publishing Group Limited**/Steve Gorton